宮崎正勝 著

陳嫺若 譯

海洋地緣政治入門

世界史視野下的海權爭霸

海洋の地政学

覇権の流れがわかる!

序

地球的表面百分之七十是廣闊無垠的大海，在茫茫無邊的海上，只有船是人打造的。人類與自然的關係雖然呈現了翻轉，但當我在海上時，仍然深深感受到自然與「地理」才是歷史的基礎。

人類不可能改變地理條件，我們的社會在老天賦予的自然環境下運行。法國的知名歷史學家布勞岱爾（Fernand Braudel）將歷史分成結構（自然環境，structures）、局勢（conjuncture）、事件（événements）三層，他認為「局勢」和「事件」運作在「結構」的基礎上。二十世紀的美國地緣政治學家尼古拉斯．斯皮克曼（Nicholas John Spykman）則有大同小異的主張，他表示，「地理才是外交政策中最重要的要素。因為地理是恆久不變的。」

想看地球的全景，可以選擇人造衛星傳送回來的影像數據，也可以使用谷歌．地球。只是如果想要親身體驗地理上連續全景的地球，還是要以古老的航海方式，從海上看陸地最為理想。

一九三一年，生物學家查爾斯．達爾文毅然決然地搭上小獵犬號調查船，從英國南部樸利茅斯港出海，他在《小獵犬號航海記》中談到海洋的單調時寫道：「無垠海洋的雄偉壯闊到底是什麼呢？是一片乏味之極的荒野，正如阿拉伯人形容，是一片水的沙漠。」

「乏味之極的荒野」雖然讓人體會到地球的廣袤，但也可以看成創造翻轉思想的田野。這一點從達爾文下船後，以寬宏的視野發表「演化論」便可見一斑。

我也是經由一次偶然，得到了在商船三井客船「日本丸」和日本郵輪客船「太平洋維納斯」上演講「海洋世界史」的機會，而且這一講就是十年。不管怎麼說，這些體驗教會了我對海洋的看法。

現在的郵輪與古代的帆船不但在速度上不同，安全性也有差異。今天的郵輪加裝了船舶穩定器，一點也不會搖晃，所以海上風平浪靜時，十分舒適，幾乎完全沒有搖晃感。

但是，當海象惡劣時又另當別論了，即使只是在船上保持平衡地走一直線，都舉步維艱。不過，這種體驗可以理解地緣政治學中所謂「大陸」是浮在海面的「島嶼」，「海的世界」形成港與港連結的網絡等本質性的看法，也可以充分感受到生於海邊的海民與在陸地上終老一生的農業民族、遊牧民族之間，理所當然會在事物思考上有所差異。

日本和英國都是鄰近大陸的島國，擁有成為「海洋國家」得天獨厚的有利條件。但是由於土地生長著豐富的「稻米」，所以日本一直把得天獨厚的海洋國家條件當成潛在力，停留在「海岸國家」的層次。從渴望發展海洋的國家來看，簡直是一種糟蹋。

舉例來說，日本的國土面積在世界排名約為六十名，但經濟海域（專屬經濟區）面積，卻高居世界第六。把世界地圖倒過來看就能明白，日本列島的島嶼相連如同一道屏風，位於歐亞大陸的東側，有六個咽喉點（choke point，重要水道），宮古海峽、大隅海峽連接了東海與太平洋，對馬海峽連接東海、黃海與太平洋，而擇捉海峽連結了鄂霍次克海與太平洋。

隔著外洋的太平洋之東是美國，日本海的北方有俄羅斯，東海的盡頭則是中國，周邊超級大國並立。歐亞大陸上的中國是典型的內陸國，海岸線的長度只有日本的一半。

此外，寬而大的黑潮自南方沿著列島而上，它與墨西哥灣流、南極海流同為世界三大海流之一。從前，西班牙白銀船從新大陸運送大量的白銀到馬尼拉，然後再裝載許多陶瓷器和絲織品，順著黑潮沿菲律賓群島北上到三陸近海。再從那裡乘著西風帶，回到墨西哥的阿卡普高灣。

日本列島西側的太平洋上，台灣、菲律賓、印尼、馬來西亞等海洋國家一脈相連，一連串的島嶼國穿過麻六甲海峽與印度洋相連。

日本並未充分活用這難能可貴的海洋環境，委實可惜。海洋地緣政治學最重要的是具備成為海洋國家的地理條件。因為只有這一點是後天無法取得的。日本必須重新正視作為海洋國家，以颱風、地震換來的地理優勢。

當我在高中任教時，曾以東京都第一屆青少年海上研習會講師的身分，搭乘香港籍的郵輪「珊瑚公主號」，在中國文化大革命後造訪天津、北京、上海。有趣的是，後來也與海洋結下不解之緣。

細分的話，只要繞著台灣海峽、麻六甲海峽、好望角、曼德海峽、達達尼爾海峽、博斯普魯斯海峽、蘇伊士運河、梅西納海峽、直布羅陀海峽、英吉利海峽、松德海峽、基爾運河、喬治亞海峽、佛羅里達海峽、尤卡坦海峽、巴拿馬海峽走一圈，就能具備展望世界大洋的簡單印象。

至今我寫過許多與海有關的世界史，而本書的目標則是**依據海洋地緣政治學，以腓尼基海洋帝國、葡萄牙海洋帝國、大英帝國、美利堅帝國等四大海洋帝國為中心來解讀世界史**。大海就如同古希臘人的哲學，豐富我們的感性，開闊我們的視野。現在情勢緊張的南海、東海情勢，若是以海洋地緣政治學來分析的話，就可以把問題整理得相當清楚。

像中國這種陸權國家想轉變為海洋「網絡型國家」的難度極高，我們只要依循海洋世界的步履，探討中國的地理和歷史就能一目了然。而我認為海洋地緣政治學將會給我們很大的啟發。

宮崎正勝

第一章

用地緣政治學重讀世界與世界史——現代世界是從連結海上航路與「據點」的組織成長起來的

第二章 地中海最早的海洋帝國——海權腓尼基帝國與陸權羅馬帝國的爭戰

第三章

海洋的印度與大陸的中國——印度洋中的印度，與和遊牧民族長年交戰的中國

第四章 與遊牧帝國共存的印度洋商人世界——鼠疫大流行之間興起的巨大遊牧帝國與印度洋交易

第五章 從北方往外膨脹的維京世界——從寒冷海洋擴張的網絡

第六章 大航海時代與大西洋——往東繞行的葡萄牙與往西直行的西班牙

第九章 第三海洋帝國英國支配世界——從海上稱霸世界的海權英國

第十章 徹底重組海上世界秩序的美國——新大陸的陸權變身為管理世界海洋的海洋帝國

第一章

用地緣政治學重讀世界與世界史

現代世界是從連結海上航路與「據點」的組織成長起來的

1 地表的七成是海洋

大陸是飄浮在海上的「島」

說到地球的表面，可能不太有感覺，正如小學時學到**海洋占有地球的七成，陸地占有三成**。廣闊無垠的「海洋」，以前是隔絕「大陸」的空間，但是自大航海時代（一四〇〇左右～一六五〇左右）後，它開始將大陸連結起來。

地緣政治學的前提是英國地理學家哈爾福德·麥金德（Halford Mackinder）提出的「世界島（World Island，即歐亞大陸與非洲大陸）」等大陸浮在「世界海（World Sea）」上的概念，這也是麥金德思考的基礎。

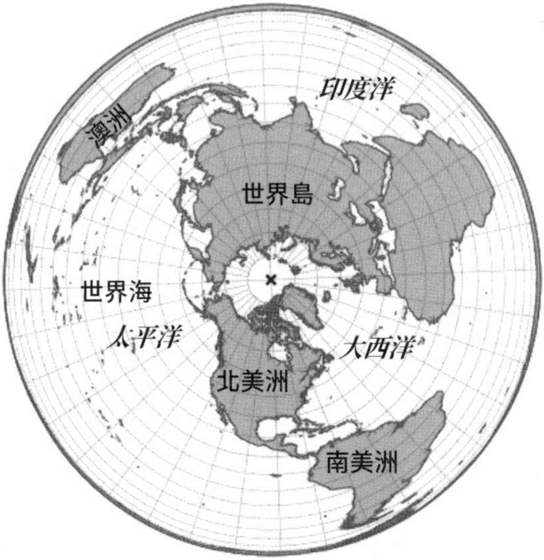

不同的地圖看的世界也不同

從歷史解讀❶

「地緣政治學鼻祖」麥金德認為，連成一氣的歐亞大陸和非洲大陸是「世界島」，集中了「十六分之十四」的世界人口，主張「**掌控世界島者，統治全世界**」。而世界史的主要發生地，正如教科書上所寫，就是海洋世界中的「世界島」。

人類一再的交易與遷移，在海上建立起網絡型的世界，它是在港口與航線的結合下成長起來的。港口是地區開發、遷移、貿易的起點，再藉由**航線**，與**轉運地**、交易地（有時候則是**殖民地**）相連。

「波里尼西亞三角」展現了海洋世界的原型

藉由**港口與航線網絡**而擴大規模的海洋世界，其形成方式與併聯周邊地區，平面性擴大領域的內陸世界並不相同。

有關海洋世界的形成方式，用波里尼西亞人經年累月在太平洋建立的「**三角形**」（Polynesian Triangle）便很容易了解。波里尼西亞人以一艘安裝了舷外撐架（安定船體用的浮材）的獨木舟連結島嶼，在太平洋上建立起「約達歐洲面積三倍的海洋世界」。紐西蘭北島的主要都市奧克蘭海洋博物館裡，就展示了多艘他們使用加裝**舷外撐架的獨木舟**。

波里尼西亞人約在西元前六千年左右，從歐亞大陸渡海到台灣，成為海洋民族，西元前三千年年再遷徙到蘇拉維西（舊稱西里伯斯）島、加里曼丹（婆羅洲）島。進而在西元前一千年，橫越到由三千多個小島組成的南太平洋**斐濟群島**。

到了西元前一世紀，他們在由太平洋正中央的**大溪地島**、波拉波拉島等十八個島嶼組成的**社會群島**、十四個火山島組成的**馬克薩斯群島**，建立大的「據點」。

從這個大據點，波里尼西亞人擴散到四周的島嶼和珊瑚礁。利用太陽、月亮、星辰、雲、

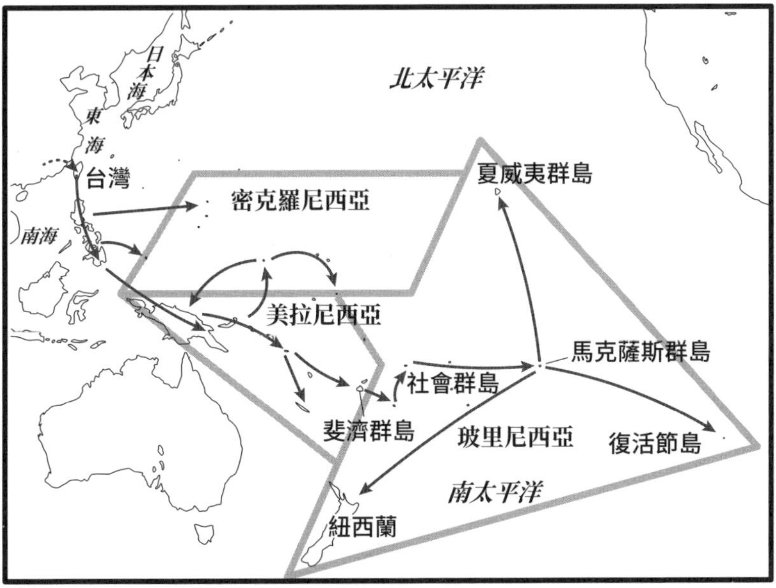

玻里尼西亞人從台灣遷移的途徑與玻里尼西亞三角

資料：參考《了解「民族」就能洞悉世界史的脈絡》（PHP 研究所）製作

風、海流等，擴展海上的網絡，建立起「波里尼西亞三角」。西元四百年移居到北方的**夏威夷群島**，到了十一世紀，又前進到西南方的**紐西蘭**。八百年前後（一說五百年）更加擴大網絡，甚至登上智利外海以摩艾石像聞名、與世隔絕的孤島（離最近的有人島嶼二千公里以上）的**復活節島**。

至於夏威夷群島與紐西蘭之間的距離約為八千公里，相當於**倫敦到北京**之間的距離。據說夏威夷人與大溪地人、紐西蘭毛利人，現在仍能以彼此的語言溝通。

長年累月建立的「波里尼西亞三角」，與**陸地世界往接壤的鄰近地區**

擴大領域的建立方式不同，充分表現出**網絡狀擴散的「海洋世界」特色**。在現代社會中，如我們在公司組織、各種運輸網、網路世界所顯現的，都是以**海洋型網絡系統**為中心。

從歷史解讀❷

參與世界史形成的海洋民族，有居住在歐亞大陸與大海接壤地區的印度人（還可以再細項分類）、馬來人、腓尼基人、希臘人、阿拉伯人、阿曼人、威尼斯人、熱那亞人、葡萄牙人、維京人、荷蘭人、英國人等。他們從大陸來看，是「邊境」民族，發展出融合陸地世界與海洋世界的歷史。

2 海洋地緣政治學是什麼？

將「地理」納入視角，思考世界的框架也會改變

地緣政治學（Geopolitics），是一門從整個地球的視角思考「如何維持、擴張國家、地區」的實用學問，興起於歐洲爭奪殖民地競爭趨於白熱化的十九、二十世紀。

近年，面對中國膨脹政策引發的難題，日本對重視地理條件的地緣政治學的關注度節節高升。簡單的說，地緣政治學是一種思想的框架。

以地圖為基礎的地緣政治學具有宏觀的、戰略的、比較性視角的特色。舉個淺顯易懂的例子，就談談經常成為話題的日本與韓國的歷史問題吧。加上地緣政治學的輔助線，讓我們釐清兩國思想出發點的不同：

一、韓國是「**半島國家**」，日本是「**島國**」，想法上有差異。

半島國家韓國，不得不敏感看待滿洲人、蒙古人、俄羅斯人等半島根部的強大侵略勢力。因為若是從根部進攻，韓國人除了大海之外，無路可逃。島國日本則是靠著海洋保護安全。

二、**與遊牧社會的距離**（韓國有宦官，日本沒有）。

韓國離蒙古高原、東北平原比較近，不得不強烈意識到遊牧民族的存在。日本四周是海，遊牧社會的影響較弱。

三、**對中華帝國的獨立程度**不同。

韓國引進科舉制度，日本則未引進，保持了一定的距離。當明帝國的政權被女真族的清帝國取而代之後，韓國自詡為朱子學的本家、宗家，而日本只是有限度地引進朱子學。

四、**典型島嶼國**日本**與海洋世界的關係緊密**。

大航海時代以後，日本受到葡萄牙、荷蘭、西班牙、英國、美國等海洋世界的強烈影響，韓國則視西洋為蠻夷之邦而排斥。

五、由於外敵強大，韓國重視部族（有族譜）和「民族」的團結，但日本島內的部落民族則徒具形式。

六、朝鮮半島容易成為對立大國之間的緩衝地帶。

大陸地緣政治學與海洋地緣政治學

依照地理環境，國家、地區可大致區分為：一、大陸型、二、海洋型。大略來說，韓國屬於大陸型，日本屬於海洋型。大陸型與海洋型的社會形成方式也不相同。地緣政治學也可大略分成大陸型和海洋型：

一、大陸：以本國為中心，併吞周圍土地形成大勢力，以征服為主。

二、海洋：依靠貿易、遷移形成網絡狀的大勢力。防衛大陸強國的入侵是一大議題。

大陸型的地緣政治學，始於德國政治學家**弗里德里希・拉采爾**（Friedrich Ratzel）倡導「帝國要生存就必須不斷地擴張領土」。大陸的歷史就是周而復始的擴張平面領土，所以自然而然便產生了這種主張。而拉采爾的學生，瑞典人魯道夫・契倫（Rudolf Kjellén）便是開創「**地緣政治學**」這門學科的人物。

繼承這套學說的德國軍人卡爾・豪斯霍弗爾（Karl Haushofer）提出德意志民族必須有「生存空間」（國家自給自足需要的領土、統治）才能生存。後來它成為納粹侵略東歐、蘇聯時的理論支柱，因此大陸型地緣政治學現在已失去了信用。

另一方面，**海洋型地緣政治學始於麥金德**。由於英國是海軍國家，陸軍實力差，所以，這門學問的主要論述，是防止歐亞強國稱霸世界，保護英國利益，不受大陸勢力的進攻。

十九世紀末，正當美國試圖從大陸國家轉型為海洋國家時，海軍軍官暨戰略家馬漢（Alfred Thayer Mahan）時機湊巧地提出了拓展海洋之道。馬漢提倡「海洋國家」的優勢，認為海洋國家必須依靠以海軍為中心的「海權力量」才可以掌握世界的霸權。他的主張雖然和「大陸國家的地緣政治學」同樣具有相當的攻擊性，但是海洋國家的擴張是呈現網絡狀的，並不會太囂張。

本書所述的地緣政治學，是結合麥金德、馬漢、斯皮克曼等地緣政治學的**海洋地緣政治學。海洋地緣政治學可以簡略為以海洋的視角，綜合、分析國際情勢，謀求國家與地區安定、和平之道的思考框架。**

從歷史解讀❸

地緣政治學，是以「陸」、「海」，以及「大陸國家」與「海洋國家」的基本差異為中心，依據地理條件來分析世界、地區、國家的框架，它並不是太艱深的學問。只不過必須事先理解幾個固有名詞。因為主要的用語並不多，只要多運用這些詞彙，就能粗淺的理解世界。此處先列出主要用語，後續會做簡單的解說。

一、世界海與世界島。
二、陸權（大陸國家）與海權（海洋國家）。
三、心臟地帶（Heartland，世界島的中心地區）。
四、邊緣地帶（Rimland）。
五、權力平衡與緩衝地帶。
六、陸緣海（Marginal Sea）。
七、咽喉點（Choke Point）。

3 推動大陸歷史的陸權

農業民族與遊牧民族的分化

世界史從歐亞大陸乾燥地帶的四大文明伊始，埃及、美索不達米亞、印度、黃河的各大文明，都發生在流經沙漠的大河流域穀倉地帶，所以，穀物也偏重生產在有限的土地。穀倉地帶周邊的草原、荒地，自然得不到穀物。如何讓這些**糧食循環**，成為一大問題。

因此在地緣政治學中，分成生產穀物的「生產地區」與不生產穀物的**草原、沙漠的「交通地區」**，整體性地思考兩者的關係，如此便能清楚了解以穀物為中心的大範圍動態。

從歷史解讀❹

古代的西亞、地中海一帶，埃及與美索不達米亞是「生產地區」，周邊的伊朗高原（約為台灣的六十六倍）、地中海（乾燥的海，約為日本海的二十六倍）、阿拉伯半島（約為日本的七十倍），則被視為「交通地區」。需要穀物的交通地區各方勢力，強化了陸權，建立廣域統治的體制。大勢力於「交通地區」輪流交替的興起，如波斯帝國興起於伊朗高原，羅馬帝國與起於地中海，伊斯蘭帝國源自於阿拉伯半島。這些帝國都是以掌控埃及與美索不達米亞的「生產地區」為中心。

陸權指的是**改變地形的權力**（開墾等，主要在農業社會）、步兵軍、戰車隊、騎兵等**軍事力（主要在遊牧社會），其力量是根據可統治的領域大小來測量**。十三世紀到十四世紀間，席捲歐亞大陸東西的**蒙古帝國**，被視為是**最強的陸權**。

從陸權與海權可以看出世界史的大局

長期以來，歐亞大陸上爭奪霸權的是**陸權（大陸國家）**。到了十六世紀，**海權（海洋國家）**在邊境的歐洲崛起，轉變為攻擊、統治陸權的傾向。世界史進入陸權與海權相爭的時代。簡單整理如下：

一、十六世紀以前：**陸權占據優勢**的時代。

二、十六～十八世紀：**海權擴張**期。
三、十九世紀中葉：海權國家**英國奠定霸權地位**。
四、十九世紀後半：由於鐵路建設的進步、第二次工業革命等緣故，進入**陸權（俄羅斯、德國）勢力擴大**的時代。
五、二十世紀前半：海權與陸權以全球規模激烈衝突的**兩次世界大戰**時代。
六、二十世紀後半：海權國家**美國的霸權**時代。

4 「世界島」的心臟地帶

控制「世界島」者統治世界

世人奉為「地緣政治學鼻祖」的麥金德，把占有地表七成的海洋，定義為**世界海**（連貫為一的大西洋、印度洋、太平洋），想像海上浮著**世界島**（Heart Land，一脈相連的歐亞大陸與非洲大陸）、**北美洲、南美洲、馬拉亞（東南亞）、澳洲五個「島」**。

從占有地表七成的海洋來看，歐亞、北美洲的確**只是「島」**，而這也成為麥金德倡說**海洋地緣政治學的大前提**。麥金德進一步指出，世界人口的大部分都集中在「世界島」，世界史便是以它為中心在運作。他說「控制世界島者掌控全世界」

心臟地帶的變遷

麥金德主要的研究對象是陸權，他將「世界島」的中心地區，如注入北極海的各條河川流域、注入裡海與鹹海的河川流域稱為「心臟地帶」（pivot，中樞地區。歐亞大陸的心臟部位）。他心中的形象就是俄羅斯與其後繼者的蘇聯。

俄羅斯土地廣大，冬季嚴寒，最特別的是它的背後有冰封的北極海，無法以海軍攻擊。人口只有日本約一半的「海洋國家」英國陸軍兵力弱，無法攻下有冰雪封閉的北極海保護的心臟地帶。發動遠征俄國的拿破崙軍，和後來納粹德國，都在進攻心臟地帶時鎩羽而歸。

在十四世紀之前，不只是注入裡海、鹹海的各河流域，像是包含蒙古高原、東西橫亙八千

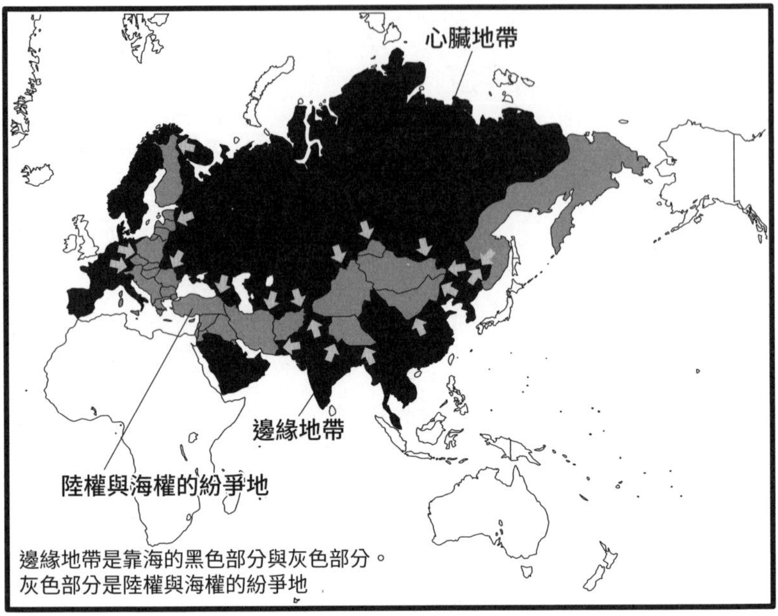
心臟地帶
邊緣地帶
陸權與海權的紛爭地
邊緣地帶是靠海的黑色部分與灰色部分。
灰色部分是陸權與海權的紛爭地

心臟地帶與邊緣地帶的紛爭

資料：參考尼古拉斯・斯皮克曼《和平的地理學》（芙蓉書房出版）製作

公里的**中亞大草原**，都發揮了心臟地帶的功能。

西元前六世紀，烏克蘭的斯基泰人開發的騎馬技術普及之後，大草原就成了周邊農業民族無法碰觸的軍事地區（與後來的心臟地帶定位相同）。**騎馬遊牧民族**對周邊地帶屢屢發動軍事征服。從十三世紀到十四世紀間，**蒙古帝國**統領了大部分的歐亞大陸。在**蒙古帝國**滅亡後，歐亞分成以下三塊：

一、**突厥人**建立的鄂圖曼帝國（東地中海中心）、蒙兀兒帝國（印度）。

二、俄羅斯帝國征服西伯利

亞，也出兵中亞。

三、滿洲人在蒙古人協助下在歐亞東部建立清帝國。

三者當中，又以繼承**蒙古帝國的新興國家俄羅斯帝國最為強大。十九世紀的英國，對於從歐亞各地揮軍南下的俄羅斯，採取自海面封鎖的「大博弈戰略」（The Great Game，旨在封鎖俄羅斯）與之對抗**。在第一次世界大戰中，俄羅斯帝國因國內的革命而垮台，由蘇聯繼承，而蘇聯也從**心臟地帶**對整個歐亞大陸發揮重大的影響力。

從歷史解讀❺

麥金德指出，十九世紀後期**鐵路建設**的推進，增強了陸權（大陸國家）對邊緣地帶的侵略。他認為西伯利亞鐵路擴大了俄羅斯的威脅，海洋國家有必要合作封鎖位於心臟地帶的俄羅斯。

日俄戰爭就是這種思想的產物。而二十一世紀的版本則是中國利用連接歐洲的高速鐵路，試圖控制歐亞的「一帶一路」。「一帶一路」是經濟構想，同時也是霸權思想。一開始歐盟各國都對直通俄羅斯表示歡迎，但隨著構想的政治意圖愈加明顯，反而因此加強了各國抗拒的力道。

5 中間區的邊緣地帶

心臟地帶的邊緣

麥金德將環繞心臟地帶的國家統稱為「新月地帶」，分成以下「內新月」與「外新月」兩組：

一、內新月地帶（新月有「**周邊**」的意思）：歐洲、中東、印度、中國。

二、外圍或是島（日本、英國）**的新月地帶**：英國、南非、澳洲、美國、加拿大、日本。

這個分類非常粗略，但是反而可以讓我們好好思考，戰略性地簡單掌握世界的配置。這兩組當中，**「內新月地帶」就是位於大陸國家與海洋國家分界的邊緣地帶（Rim Land）**。

「Rim」是「**邊境**」、「周圍」的意思，由於它位在心臟地帶與海洋國家兩邊的邊境，所以也成為兩者的「中間地帶」。邊緣地帶的國家就像兩棲動物一樣，兼具「陸上」與「海洋」兩者的特性。

相對而言，「外圍或是島的新月帶地」，指的是對抗心臟地帶的海權海洋國家。

從地緣政治學來看，日本是個具備優越條件的**島嶼國**。從日本國土面積在全世界排名第六十，但經濟海域面積卻是第六名的事實，便一目了然。

但是，日本列島能夠收穫豐饒的稻米，發展出宛如陸權國家的歷史。擁有得天獨厚的海洋國家優越的地理條件，卻發展成陸地社會，這種**扭曲現象**，是日本歷史的特殊性。日本未能充分發揮海洋國家的優勢，只保留這種潛力，固守在列島之內。

麥金德強調的邊緣地帶海洋國家

現在全世界約有四十個國家，領土是由島嶼組成。整體來說，規模並不大。其中人口最多、經濟海域最大的**國家是印尼**。日本在島嶼國中，人口排名第二，經濟海域排名第三，僅次於紐西蘭。無疑是個大島嶼國家。

此外，海洋國家在鄰近文明昌盛的大陸這一點上，有著特殊的位置關係。將位於同樣位置關係的歐洲英國，與日本的規模相比，可以歸納出以下的結果：

英國：本土領土二十四萬三千平方公里，人口六千六百八十萬人（二〇一九年）。

日本：領土三十七萬八千平方公里，人口一億二千六百三十萬人（二〇一九年）。

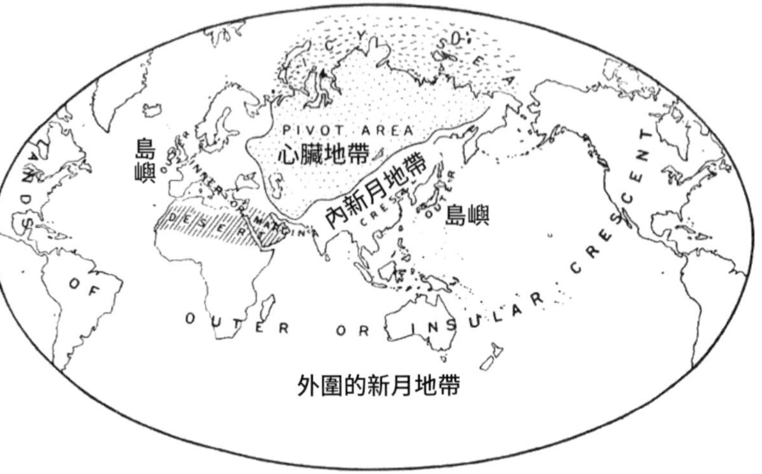

麥金德的世界地圖
（在原地圖上補充部分地名）

日本在領土和人口上都贏過英國，所以絕非蕞爾小國。因此在麥金德的概念圖上，也特別注記**日本與英國是鄰近大陸的外圍（outer）**。

那麼，英國與日本的不同之處在哪裡呢？現在的地緣政治學中，假設島嶼國擁有海洋國家的優越地理條件，卻沒有因此成為「海洋國家」的話，必須具備以下三個條件：

一、國家經濟大幅依賴海上貿易力。

二、國家防衛把重心放在海洋軍事力。

三、重視國際海洋法的秩序。

觀察現狀，在第二點上，日本的特點是對美國的依賴度極高。近年來，因為台灣問題等，日本才開始意識到，在依據「海洋國家」的自我認知建立體系中，日本的國際關係十分薄弱。這應該是因為日本把美國會一直擔任「世界警察」視為前提的關係吧。

邊緣地帶是紛擾頻仍的地區

美國記者出身的地緣政治學者**斯皮克曼**根據第二次世界大戰中，航空軍力（Air Power）轉趨強大的現象，提醒**邊緣地帶**的重要性。他指出**「控制邊緣地帶者，掌控世界的命運」**。**現在美國是依據斯皮克曼的邊緣地帶理論來擬定外交政策**，調整了麥金德「控制心臟地帶者掌控全世界」的理論。因為現在的俄羅斯，已沒有昔日的實力。

邊緣地帶國家臨海：一、溫暖；二、雨水較多；三、農業興盛；四、為文明或都市成長的地區，走在經濟成長的最前端。但是，這些地區在軍事上的脆弱，長久以來一直受到心臟地帶的武力威脅。

十九世紀之後，海權實力增強後，邊緣地帶就轉變為**心臟地帶與海權爭奪的地區**。陸權與海權一再以邊緣地帶為舞台爭奪霸權。**第二次世界大戰之後的韓戰、越戰、波斯灣戰爭、伊拉克戰爭，以及現在圍繞台灣問題的爭端等，都是在邊緣地帶發生的。**

與邊緣地帶接壤的陸緣海

世界海中，位於大陸外側為弧狀列島、群島、半島等包圍的海域，特別稱為**陸緣海（Marginal Sea）**。陸緣海與邊緣地帶是為一體，都是大陸國家、半島國家、海洋國家等的必爭之地。例如：

一、歐洲義大利半島東側的亞德里亞海、愛奧尼亞海、愛琴海、義大利半島西側的第勒尼安海、利古里亞海、北歐的波羅的海、北海。

二、西亞的紅海、波斯灣等。

在東亞海域，目前包圍南海與台灣、釣魚台列嶼相關的紛爭，使得**南海與東海**這兩個**陸緣海**成為國際紛爭的焦點，原本身為陸權的中國，只有少數出入海洋的跳板。畢竟它的海岸線只有日本的一半。因此，中國有意包圍以台灣海峽相連的南海和東海等陸緣海。

但是，這些海域是東亞公海中的公海，陸權中國的侵入，將會威脅到海洋國家日本、越南等邊緣地帶的國家利益。陸權中國的侵入，使得它與海權美國、台灣、日本、越南、菲律賓、印尼之間，產生嚴重的對立。

陸權的中國雖然主張「中國不同於歐洲，有繼承清帝國領土的權利」。但是清朝的國土以內陸為主，邊境認知含糊不清，並且隨著國力強弱一再膨脹收縮。而且靠著武力吞併接壤地區的帝國，不可與近代國家一視同仁。我們不妨認為發動辛亥革命而建立的中華民國，經歷一再的分裂和抗爭，才走到今天這個地步。

過去，陸權的俄羅斯帝國、德國、蘇聯（現在的俄羅斯），三番兩次想吞併海權而連連敗北。陸權中國想要進軍海洋，可以說是難度極高。

什麼是緩衝地帶？

思考邊緣地帶時，「**緩衝地帶**」是個有效的概念。

兩個陸權的大國，或是陸權與海權國家為了緩和紛爭，避免紛爭的不利波及自己，會設定兩國勢力歸屬權模糊的地區，來減緩彼此的衝突。這就是**緩衝地帶**。這種地區大多成為**各國之間代理戰爭的地方**。

心臟地帶的俄羅斯與英國等海權的緩衝地帶，是東歐各國。歐美各國與中國、印度的緩衝地帶是東南亞。

十九世紀後期到二十世紀初，心臟地帶俄羅斯從歐亞各地揮軍南下，東歐、鄂圖曼帝國、阿富汗、新疆地區、朝鮮半島等，就成了緩衝地帶。

俄羅斯從中國東北南下遼東半島、朝鮮半島時，英國與日本就把朝鮮半島定位為俄羅斯一路南下時在東亞的緩衝地帶。海權美國也支持這種做法。本來伊藤博文等人傾向於讓朝鮮親日而獨立比較好，但是國際政治並不允許。若不是考慮到俄羅斯帝國南下朝鮮半島，就不會有一九一〇年的日韓合併。

合併之後，日本致力於修建朝鮮半島的基礎建設與推動社會現代化，好讓它充分發揮緩衝地帶的作用。但日本吞併朝鮮之後，與蘇聯之間需要新的緩衝地帶，所以日本又侵略滿州（中國東北）。只從軍事面考量的話，雖然還有放棄較花成本的日韓合併，只駐紮軍隊的做法。然而日本卻不惜成本，選擇了修建朝鮮半島的基礎設備，加強「現代化」以增加韌性的做法。

第二次世界大戰後，在陸權與海權之間的交會點上也會設置緩衝地帶，像是東西分裂的德國、南北分裂的朝鮮半島、成為越戰戰場的中南半島、西歐與蘇聯（俄羅斯）、東歐對峙時的土耳其、希臘，都是代表性的緩衝地帶。

6 馬漢解析的「海權」

《海上權力史論》成為美國國家戰略的基石

英國原為陸地上的弱小國家，卻以海洋勢力崛起，在**美國海軍大學教授「戰史」的亞弗雷德．馬漢**系統性地研究英國在十九世紀稱霸世界的過程，**將海權（海上權力）理論化**。

他呈現出依賴大海的海洋國家，不同於大陸國家以陸軍為主力的陸權，而是以海運、通商，和保護它們的海軍為主力，靠著多條航線，連結世界各地設立的「據點」，擴大交易圈，就可以使國家繁榮的現象。馬漢用「**海權**」來指稱保護海洋國家利益的整個組織，他在南北戰爭時擔任北軍士官，進行南部的海域封鎖，後來成為遠東派遣艦隊的一員，曾在明治維新的前一年造訪日本。

一八九〇年，美國靠著開拓西部達成了驚人的經濟成長。就在國家開始摸索新的世界戰略時，**馬漢撰寫了《海上權力史論》，主張美國的國家戰略是進軍海洋，開發太平洋**。歷史尚淺的新大陸並不存在可與美國對抗的強國，美國是可以以海洋國家的角色重新出發的。

馬漢提出了六個建立海權的基礎條件：

一、該國的**地理位置**（兩側海岸面海的**島嶼性**）。

二、**地勢條件**（例如，**富有港灣的海岸線**）、可頻繁航海的氣候、可用於交易的物產。

三、**國家領土的大小**（可以供給資源與財富的領土基礎）。

四、**人口**（**可供給必要數量的船員**、可支持海洋活動的人口基礎）。

五、**國民性**（**下海的意願高**、可適應船上生活的性格）。

六、**可以推動進取性海洋政策的政府**與領導的存在。

馬漢最重視其中的前兩點。因為這兩點是老天的恩賜，無法人為製造出來。在寫於一八九〇年的〈海上權力歷史波及的影響〉（《馬漢海上權力論集》麻田貞雄編・譯、講談社學術文庫）中，馬漢就對第一點有以下的論述：

如果一個國不只便於出軍攻擊，而且具有優越的地理位置，容易出海到外洋，進而可控制世界通商管道之一的話，顯然其位置具有極高的戰略性位置。現在的英國，就位於這樣的位置上，過去就更不用說了。

馬漢解釋，各國能培養出多大程度的海權，端視它在這方面的地理條件，領土的大小、人口的多少並非重點。世界史的代表性海權——腓尼基、葡萄牙、荷蘭、英國，本國全都是小國家，但是靠著許多「據點」與大網絡成長。海洋帝國的母國，只要得利於地利的條件，即使國家小也不受影響。海權換個說法，就是「網絡的形成和維持能力」。

馬漢解釋，交易生產、產物的**商船隊**、保護商船隊的**海軍**、提高運輸，增加輸送力的**海軍基地**、**殖民地（海上根據地）**等，都會成為**海權**的核心。

馬漢的理論對現代軍事、外交、國際關係都帶來了重大的影響

馬漢的主張不只在美國，對意圖轉變為海權的德意志帝國、日本都形成重大的影響。小說家司馬遼太郎在小說《坂上之雲》中描寫了主角秋山真之自費留學，師事馬漢。他後來成為海軍參謀，在日俄戰爭中攻擊旅順港，與波羅的海艦隊在日本海海戰時都曾大放異彩。

馬漢的《海上權力史論》於一八九六年譯成日語，分配給全國舊制中學、高中、師範學校，在明治時期，成為海權國家是日本的目標。

德國的皇帝威廉二世也傾心於馬漢，他曾自稱「我要取代老去的水路指引人（俾斯麥），成為德國這艘新船的值日將官」。威廉二世下令將《海上權力史論》譯成德文，分發到海軍的大小船艦上。

威廉二世靠著大量建造巨艦，急速擴大海權，與擔心舊式軍艦派不上用場的英國之間，展開激烈的造艦競爭，並且以入侵鄂圖曼帝國與印度洋為目標。這也間接引爆了第一次世界大戰。

從歷史解讀❻

美國因襲馬漢的海權理論，踏實地建立控制世界的體制。經歷了美西戰爭、巴拿馬運河建設、第一次世界大戰、太平洋戰爭、第二次世界大戰，與蘇聯的冷戰，現在掌控了世界主要的海峽、運河（咽喉點），主宰全球的世界能源、物產輸送路線，在約一百五十個國家設置五百座以上的基地，並在主要海域配置可與一萬人戰力匹敵的航母打擊群，成為無敵的海權。

7 海洋地緣政治學的核心——「咽喉點」

掌控咽喉點對維持霸權的重要性

「海」的世界是靠著航線穿梭的大網絡而成立的，因此與陸地不同，保有石油等珍貴資源的運輸管道，成為海權的泉源。但是，航線無法成為陸地上的「道路」，每次航海經過，就化為泡沫消失無蹤。因此，航線分散，管理廣大海域將耗費莫大的成本。

不過，連接兩個海域的海峽、航線接近陸地時成為「玄關口」的狹窄海域，會有多國的船隻聚集，因而成為所屬國家的「核心海域」。這種在戰略上十分重要的海域，稱為「**咽喉點**」。

「**choke**」本來是「窒息」、「噎住」的意思，但是在海上，指的是「**航線極度狹窄的地點**」，只要扼住船隻必須通過的咽喉點，就能以低廉成本有效地控制他國船隻。因此，咽喉點的掌控，成了海權的重心。國際間為了咽喉點爭端頻傳，也是因為這個因素。

世界史上重要的咽喉點，有英吉利海峽、直布羅陀海峽、曼德海峽、荷姆茲海峽、麻六甲海峽、巴士海峽、台灣海峽、博斯普魯斯海峽等。到了十九世紀後半以後，建立了蘇伊士運河、基爾運河、巴拿馬運河等人工的咽喉點。

十九世紀的英國、二十和二十一世紀的美國，都靠著掌控重要咽喉點而奠定、維持其霸權。美國與同盟國一起主宰世界主要的咽喉點，擁有以航母為主、他國瞠乎其後的海軍，在世界一百五十個國家，建立了五百個以上的基地。

但是，維持這種霸權體制需要龐大的軍事費。美國國內對立激化和財政惡化，從川普前總統時代便有跡可尋，它成為美國統領海洋的一大瓶頸。世界企業利用經濟的全球化，靠著避稅港節稅，導致了美國財政困難、海洋秩序維持力低落。這些世界企業從海洋秩序的穩定中得到最大的利益，因此也有責任分擔維持世界基礎建設的成本。

劍指新海上霸權的中國，在經濟力增強，GDP（國內生產毛額）達到全球第二位之後，為操控中東航線，獲取穩定的石油資源，開始在各國取得港口，或包圍南海，試圖掌控通往中東的航線。但是，最近由於不動產泡沫破滅、高齡化、「中所得國家的陷阱」等因素，財政困難也日益擴大。

地緣政治學中認為，由於陸權國家與其他國爭奪領土，需要強大的陸軍，所以無法同時整備海權。

擁有多個咽喉點的海洋大國——日本

只要把東亞地圖反過來看就知道，以前日本海是個湖，因此位在亞洲大陸末端的**日本，是個擁有多個「咽喉點」的奇特國家**。這種擁有多個咽喉點的國家在世界上極為罕見，具有較高的經濟、軍事價值。

日本周邊的咽喉點如下：

對馬海峽：連貫東海、黃海與日本海，與台灣海峽同為東亞最重要的咽喉點。
大隅海峽：連貫東海與太平洋的咽喉點。
宮古海峽：連貫東海與太平洋的咽喉點。
津輕海峽：連貫日本海與太平洋的咽喉點。
宗谷海峽：連貫日本海與鄂霍次克海的咽喉點。
擇捉海峽：連貫鄂霍次克海與太平洋的咽喉點。

現在，中國海軍為跨出太平洋，利用了沖繩本島與宮古島之間的宮古海峽，和東海與日本海之間的對馬海峽，因而引發了問題。

日本周邊的咽喉點

韓國積極主張將日本海的名稱改為「東海」，然而中國的外海也有一個「東海」。若是融合兩國的主張，未來極可能讓日本海有遭到東海吸收的危險性。

對日本來說，「日本海」的稱呼有其必要，對馬與對馬海峽如同歷史所顯示的，是日本海上的要衝。

俄羅斯在日本海有遠東最大的軍港海參崴，從日本海跨出外洋的海峽極為重要。日本海有四個與外洋連結的海峽，最北的間宮海峽很淺，核能潛艦無法通過，所以必須從日本宗谷、津輕、對馬三海峽的其中之一通過。冷戰時代，在地緣政治學上，日本列島對蘇聯來說，是一群如屏風般阻擋出海的島嶼。

雖然蘇聯並沒有被日本列島封鎖，但是日本與面臨台灣海峽的台灣；由七千六百個以上的島嶼組成，面臨呂宋海峽、巴士海峽的菲律賓；由一萬三千多個小島組成的海洋大國印尼，以及面臨麻六甲海峽、由婆羅洲北部與馬來半島組成的馬來西亞，形成相連的弧狀島鏈，而日本正是位在這些島嶼北端的東亞海洋國家。

接下來，我們將依據以上的地緣政治學的基礎，來回溯海洋的世界史。

第二章

地中海最早的海洋帝國

海權腓尼基帝國與陸權羅馬帝國的爭戰

1 腓尼基人 vs. 希臘人

三個大陸包圍的貿易之海

地中海約為日本海的二・六倍，四周被非洲、亞洲、歐洲三個大陸包圍，是個位置特殊的海洋。但是**從地緣政治學的角度來看，地中海是亞洲、歐洲、非洲各大陸之間的巨型陸緣海，也是陸權與海權互相衝突的海域**。

此外，從地理上來看，地中海也是與乾燥地帶西亞相連的「**乾燥之海**」。地中海東側是**阿拉伯沙漠**，南側是占有非洲大陸三分之一的**撒哈拉沙漠**。說到地中海，就令人想到酒的原料——葡萄、橄欖、無花果、椰棗（蜜棗），但這些全都是乾燥地區的作物。

日本的全年降雨量約為一千七百毫米，克里特島的克諾索斯約為五百～六百二十毫米，雅典約四百毫米、迦太基約四百七十毫米。而且，地中海型的氣候在植物生長的夏天，幾乎不下雨，雨量集中在冬季。

夏天燠熱無法工作，所以西班牙人有睡午覺的習慣。位於地中海中央的西西里島等地，學校放的暑假長達三個月，每天一早就用愛德納山割下的冰塊做冰沙當早餐。

夏季乾燥導致穀物嚴重不足，所以地中海必須依賴埃及、**西西里島**、黑海北岸的烏克蘭等有限地區提供穀物。

善於經商的腓尼基人

西元前十一世紀以後，與埃及交易穀物的民族，除了陸上的猶太人之外，就是黎巴嫩的海洋民族腓尼基人。黎巴嫩（這個詞有「白色」的意思，源自於冬天下雪，夏天山頭的石灰岩，總是白皚皚的）位於地中海東岸，如同現在首都貝魯特的全年雨量平均為七百三十毫米所顯示，土地乾燥，而且山丘瀕臨海岸，所以無法栽種作物。

但是，黎巴嫩後方的山脈遍布著成樹高達四十公尺的黎巴嫩杉。腓尼基人從山中砍下巨樹，賣給樹林貧瘠的埃及和美索不達米亞，作為宮殿、神殿棟梁的材料。現在黎巴嫩國旗的正中央，也畫著傲視天下的黎巴嫩杉（與喜馬拉雅杉相似）。但是，由於數千年來砍掉太多杉樹，所以現在的黎巴嫩山脈，幾乎看不到一棵巨樹了。

腓尼基人是天生的經商好手，他們戰略性地連結島嶼、港口形成網絡。古希臘的詩人荷馬就曾如此記述腓尼基人：「黑船上的貪婪船員載著難以計數的商品」。

值得一提的是，腓尼基這個名稱並不是自稱，而是別國人對他們的稱呼。傳說紛云，其中最有力的說法，是腓尼基人買賣的赭紅色高價布料，叫做「斐尼克斯」，後來成了腓尼基的語源。斐尼克斯染布用的是從骨螺科螺貝內臟收集製成的染料，據說六萬個骨螺僅僅能做出五百公克的染料。各地的首領競相收購，因此成為有名的品牌。

2 腓尼基帝國

戰略性連結的島嶼和港口

腓尼基人藉由帆船貿易，在地中海建立世界第一個海權帝國。他們在黎巴嫩開了**西頓**（現名賽達）、**泰爾**（又名推羅）、**比布魯斯**等港口（城邦、港），從埃及、西西里島、美索不達米亞各地運輸穀物轉賣。**當西亞形成波斯帝國之後，腓尼基便臣屬於它，維持相輔相成的關係。**

腓尼基人將連接地中海中央地帶的西西里島、薩丁尼亞島、巴利阿里群島、伊比利半島結合起來，開闢橫越航線。在西元前九世紀末，**於北非的突尼西亞，設立大據點迦太基（「新城市」的意思），掌控連貫東地中海與西地中海的咽喉點——西西里海峽，建立地中海東岸到伊比利半島的海洋帝國網絡。**古代地中海的偉大設計就是由腓尼基人規劃出來的。

腓尼基人商業上的對手，是後來興起的古希臘人。**西元前八世紀到前六世紀的二百年間，是古希臘人的「大殖民時代」**，他們在義大利半島南部、西西里島、黑海沿岸等地，建立了許多殖民城市，向腓尼基人挑戰

從歷史解讀❼

自文明誕生以來，世界史延續了五千年以上。世界的空間也隨著時間而不斷膨脹、稠密化。腓尼基人在陸緣海的地中海建立海洋帝國，由於海域狹窄，所以與波里尼西亞三角，以及後來葡萄牙人、英國人的海洋帝國相比，它的規模明顯小很多。但是考慮到地中海的海洋規模，還是可以說**腓尼基人讓世界出現了第一個海洋帝國。**

咽喉點西西里與迦太基

這裡先描述**西西里海峽，它是古代地中海中占有重要位置的咽喉點**。南北相連的「義大利半島」、「西西里島」與兩個海峽，將地中海分成東地中海（**已開發的海域**）與西地中海（**未開發海域**）。連接的順序如下：

義大利半島—**梅西納海峽**—西西里島—**西西里海峽**—在突尼西亞建設的迦太基（非洲北部）。

位在分割地中海東、西線上的兩個海峽中，北側的梅西納海峽（長度約三十公里）海潮流速快，就像以漩渦聞名的日本明石海峽一樣，古代船隻很難通過。因此，南側的**西西里海峽**（寬度一百五十公里）就成了咽喉點。

黎巴嫩的泰爾城邦之所以看上臨**西西里海峽**的**迦太基**作為殖民地，有其國際政治的背景，因為亞述、新巴比倫帝國崛起，對黎巴嫩一帶造成威脅。證據就是，與迦太基建設的同一期間，腓尼基人也在伊比利半島的加的斯、巴塞隆納開拓殖民地。腓尼基人勢力向西延伸，建設迦太基據點港口，企圖重整海洋帝國。

在古希臘的傳說中，腓尼基的絕世美女艾麗莎（史稱狄多）與兄長庇格瑪里翁政爭失敗後，建立起迦太基的基礎。艾麗莎流浪到迦太基時，向當地的利比亞人展示了一塊牛皮，請求他們將牛皮覆蓋的土地送給她。利比亞人認為這塊牛皮這麼小，便答應了她。但艾麗莎將牛皮割開做成皮繩，圈住一大片土地。利比亞人大驚失色，但已經來不及了。那塊土地叫做比爾隆丘（byrsa hill），後來成為迦太基的中心地。想來應該是商業對手古希臘人為了形容腓尼基人的精明，才創作出這種故事吧。

迦太基建於將突尼斯灣盡收眼底的半島高地上，是由運河連結兩個港口與要塞組成。它是掌控貿易與海峽的軍事據點，也是操控西地中海的據點。迦太基人使用的布匿（腓尼基人之意）語、字母，後來成為西地中海的共通文字，鑄造的迦太基錢幣，也成為西地中海的共通貨幣。

西元前四世紀，馬其頓的亞歷山大三世（大帝）遠征東方，與波斯帝國聯合的黎巴嫩西頓城邦、泰爾被夷為廢墟，腓尼基人便把重心放在迦太基，重新組織海洋帝國。

札馬會戰，迦太基犯下了戰略性錯誤

但是，義大利半島的羅馬共和壯大之後，迦太基也不再安全了。最後，**迦太基和羅馬、希臘聯合勢力爆發的布匿戰爭（西元前二六四～前一四六），成為古代地中海最大的戰爭。它雖然是陸權羅馬與海權迦太基之間的大戰，但同時也是腓尼基人與同為海上商人古希臘人的霸權爭奪戰。**

本來它就是在「海洋世界」與「陸地世界」接觸的**邊緣地帶戰爭**，所以羅馬與迦太基雙方都俱備海權與陸權兩種特性。海權的迦太基具有統治伊比利半島、北非的陸權。而羅馬原本也是義大利半島中部的軍事都市，是統一義大利半島的陸權。**第一次布匿戰爭（西元前二六四～前二四一）**時，發動的是海上戰爭，而此時，羅馬也開始成為可與腓尼基人一戰的海權。

布匿戰爭最關鍵性的戰役，是以漢尼拔率領戰象，越過阿爾卑斯山，從背後偷襲義大利半島而聞名的**第二次布匿戰爭（西元前二一八～前二〇一）**。偷襲羅馬的迦太基軍立於壓倒性的優勢，在義大利南部的**坎尼會戰（西元前二一六）**，只用了一天就大破羅馬軍。迦太基在陸地的戰爭也全面大勝羅馬。

即使是在最激烈的戰役——**札馬會戰（西元前二〇二）**中，迦太基以傭兵為主，動員與羅馬軍勢均力敵的五萬名步兵、三千名騎兵和八十頭戰象。然而迦太基卻因為對陸上戰爭自信過度，並未選擇海上作戰，而是迎合對方在陸地上進行短期決戰，未能發揮海權的強勢，最終戰敗。迦太基戰敗的原因如下：

一、迦太基是靠「據點」與航線組成的網絡帝國，海軍是其主力，不太需要擴張領土，所以陸權虛弱。

二、漢尼拔沒有採取與義大利半島上反羅馬勢力合作，孤立羅馬的戰略。

三、迦太基的海軍主力是國民，但陸軍的主力卻是利比亞人組成的傭兵。

四、迦太基陸軍是由職業軍人指揮，軍人個人的行動多傾向於保護自身利益之故，因為紀律執行得並不徹底。

札馬之戰迦太基戰敗後，羅馬共和將迦太基視為臣屬國，強迫對方簽下嚴苛的和談條件。羅馬不愧為軍事國家，在這方面一向得心應手：

一、迦太基成為羅馬的同盟都市，受其統治。

二、割讓西西里島、薩丁尼亞島、西班牙等迦太基的殖民地給羅馬。

三、沒有羅馬的同意，迦太基不得與第三國交戰。

四、支付高額的賠償金。

一般國家的話，可能就此認輸，但是迦太基並不屈服。因為海上貿易網絡依然強韌地維持著。迦太基經濟很快復甦，羅馬要求迦太基支付巨額賠償金作為懲罰，但他們也提前付清了。

後來，羅馬畏懼迦太基海洋帝國的實力，以迦太基未得到羅馬同意，便與入侵的努米底亞人開戰為藉口，發動**第三次布匿戰爭（西元前一四九～前一四六）**，迦太基因而淪為廢墟。據說迦太基城盡被焚毀，羅馬人在夷為平地的街道上撒鹽，殘存的迦太基人被賣為奴隸。**海洋帝國的首都迦太基，以悲慘的形式從世界地圖上被抹除，成為羅馬的行省阿非利加。**

從歷史解讀❽

海權國與陸權國戰爭中，很難制定適合自己的戰略。迦太基也因為漢尼拔遠征成功，而對自己的陸權過度自信，最終在札馬戰敗。昭和時代的日本原為海權，也因為陸軍威力強大，過度深入中國大陸的戰爭，因而自取滅亡。

迦太基的地中海網絡

腓尼基人以迦太基為中心的商貿網絡整理如下。這種連結地中海各島嶼和港口的迦太基網絡，後來為拜占庭帝國、伊斯蘭帝國、義大利各城市繼承，只是形態改變。我們就來看看腓尼基人建立以迦太基為中心的地中海中央網絡：

一、**賽普勒斯島**。位於安納托利亞半島南方。賽普勒斯島為地中海第三大島，是銅的代表性產地，也是通往礦產資源豐富的安納托利亞半島的轉運地。賽普勒斯在腓尼基語中是「柏木」的意思。柏木在文藝復興時期傳到義大利，但在古埃及和羅馬帝國時代，是生命與豐饒的象徵，百姓視為神聖之樹，因而成為此島的名字。畫家梵谷尤其喜愛描繪充滿生命力的柏木。

二、**西西里島**。地中海的最大島，腓尼基語稱此島「拿圓鍬者——也就是農民的土地」，許多腓尼基人移居到此栽種穀物，成為迦太基的糧倉。古希臘人移居到在該島東邊的敘拉古一帶，兩個民族為了爭奪土地激烈對立，這也成為布匿戰爭的遠因。位在西西里島西北部的中心港**巴勒摩**。腓尼基人以此出入義大利半島各地的「據點」因而繁榮。

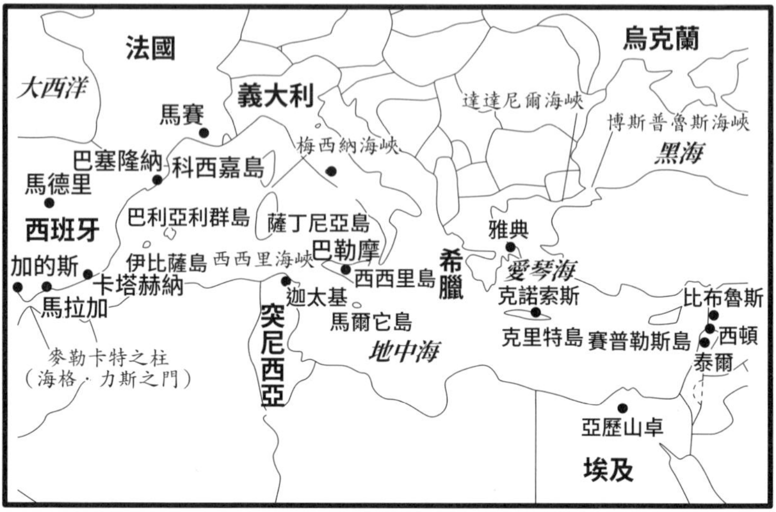

地中海與主要的都市

本來腓尼基語稱為「基茲」（花的意思），後來希臘語稱之為「巴諾姆斯」，是義大利半島「**全部是港**」的意思

三、**馬爾它島**。是北非各都市之間的「據點」，位於西西里島南方約九十公里的位置。馬爾它一詞源自於古代腓尼基語「馬雷斯」，指「避難所」的意思，以暫時躲避從撒哈拉沙漠吹到義大利南部的「西洛可風」。十九世紀的英國也將它設為地中海帆船航線的據點。

四、**薩丁尼亞島**。地中海第二大島（約台灣三分之二），腓尼基語中「神最早銘記的足跡」之意。這個平坦的島在西西里島之後成為腓尼基人的重要據點，在此種植小麥，支撐迦太基。與此同時，薩丁尼亞島也成為西地中海的西班牙、法國、義大利半島，以及非洲的貿易據點。

五、**巴利亞利群島**。以馬略卡島（拉丁語中有「大島」的意思）聞名，而腓尼基人設置「據點」的是其中的**伊比薩島**。迦太基許多移民到島上建立殖民地，從事染料、鹽、魚醬（garum）的製造。

六、腓尼基人最早進入伊比利半島是在西元前十二世紀，非常古老。他們將該地稱為西班牙（腓尼基語中是「有很多蹄兔（小耳朵的兔子）的島」，他們把野生的野兔誤認為蹄兔而取的地名）。腓尼基人一開始認為伊比利半島是銀等礦產資源豐富的交易地，並沒有當成殖民地。經過很長的時間後，腓尼基人才移居到沿海地帶，成為海洋帝國的一大據點。在南部建立**卡爾特·哈達休特**（Kart Hadasht，腓太基語「新城市」的意思。後來羅馬共和國命名為**新迦太基**，現為卡塔赫納），成為統治半島的中心。第二次布匿戰爭時，名將漢尼拔從這個城市出發，翻越阿爾卑斯遠征義大利，是支持迦太基陸權的中心。

七、伊比利半島東北部的**加泰隆尼亞地方**，也是腓尼基人所開拓。現在是巴塞隆納足球俱樂部根據地，亦是西班牙第二大商業、觀光都市的**巴塞隆納**，曾經是名將漢尼拔所屬的巴卡家族根據地。巴塞隆納這個地名也是源自於「巴卡」。

八、**馬拉加**（腓尼基語「商館」的意思）。是地中海通往大西洋的出口，也是咽喉點**直布羅陀海峽**的轉運「據點」。馬拉加是伊比利半島南部白銀的集散地。直布羅陀海峽的摩洛哥側建設了貿易據點**丹吉爾**。

九、**加的斯**（腓尼基人叫它「加的爾」）。腓尼基人在直布羅陀海峽外的大西洋小島，為大西洋貿易建設的「據點」。加的斯地點條件好，因而成為連結西非沿岸與歐洲的貿易中心。大航海時代，它也成為西班牙的主力港。

十、葡萄牙的首都**里斯本**，位於太加斯河這條大河的河口，是個理想的大貿易港。自西元前一千二百年左右起，腓尼基人殖民到此，成為貿易的「據點」。它是與錫礦豐富的不列顛島（英國）西南部貿易的據點，因而有「好港口」的意思。而眾所皆知，里斯本也是大航海時代的中心港。

從歷史解讀 ❾

海權國藉著戰略性的組織根據地、轉介地、殖民地，利用網絡進行大範圍的操控，它與陸權國家以「面」的方式，占領、同化與本國接壤的土地的擴張方法完全不同。

腓尼基人建設的「據點」馬爾它島、加的斯、馬拉加、里斯本、巴塞隆納等，在大航海時代以後的世界史，都成為海洋世界的樞紐。

大西洋貿易的壟斷

地中海西側邊緣是直布羅陀海峽，它的後方是大西洋。直布羅陀海峽最早是腓尼基人控制，後來被古代英國人奪走。這段事實從地名就可以理解。

腓尼基人把直布羅陀海峽兩側的山叫做「**麥勒卡特之柱**」，麥勒卡特指的是腓尼基人主要城市**泰爾的守護神**麥勒卡特（Melqart）。麥勒卡特本來是「地獄之神」，傳說腓尼基人活動的海域變小，所以麥勒卡特神破開西端的大地，讓腓尼基人的船穿過大西洋。為了讓裂口不會再填滿，因此立了兩根柱子。

然而與羅馬人合作，較晚進軍大西洋的希臘人則傳說，力大無雙的英雄**海格力斯**到西班牙捕捉三頭三身的巨大紅牛時，海神與大地女神之子巨人安泰俄斯駕到，他不允許船隻通過。海格力斯將安泰俄斯打敗，並且在兩岸打下木樁作為紀念。由於這個淵源，希臘人將海峽兩岸的山取名為「**海格力斯之門**」。

雖然腓尼斯人與希臘人都流傳著與直布羅陀海峽相關的類似傳說，但是腓尼基的傳說當然比較早，巨人安泰俄斯與巨人海格力斯的大戰，應該是將腓尼基人與後來的希臘人戰爭神話後的結果。

腓尼基人的商貿跨出地中海，到達大西洋。他們不只與不列塔尼亞（現在的英國）交易錫礦，甚至到語言不通的民族居住地從商。腓尼基人越過直布羅陀海峽，經過摩洛哥到達塞內加爾，完全不用語言從事以物易物（**沉默貿易**），獲取廉價的黃金。古希臘歷史家希羅多德在《歷史》中敘述，商人到了固定的地點，將商品擺出來，打個暗號後躲起來。交易對象出現，把他認為價值相當的物品擺出來。如果商人滿意的話，就拿走物品，交易就成立了。

3 面對挑戰的希臘人

美麗的愛琴海是「貧乏」之海

古代希臘人之所以積極從商和移民，全是因為愛琴海是一片乾燥、貧乏的海域，海上二千五百個島嶼碎石遍布，必須向外尋求糧食。

映射著碧綠色的愛琴海，非常美麗，終日對著它也百看不膩。乾燥的空氣與陽光讓海面熠熠生輝。日本昭和時代的版畫家，同時也是芥川獎作家池田滿壽夫將自己的同名作品《獻給愛琴海》自編自導搬上銀幕，成為一大熱門話題，而翁倩玉唱的歌曲《愛的迷戀》也跟著走紅。一時間日本掀起了愛琴海的熱潮。

但是，一旦在此定居下來卻十分麻煩，愛琴海極為乾燥（地中海型氣候，夏天不下雨），連飲用水都不足。如果除掉華麗的觀光，希臘的土地是既貧瘠又簡陋。以前我在米科諾斯的小吃店，不懷好意地點菜：「我想吃用本地食材做的美味好菜」。結果老板端出來的是新鮮好吃的整條小沙丁魚燒烤。

雅典的全年降雨量只有三百六十四毫米，只有日本全年降雨量的約五分之一。也許神為了彌補希臘人無水之苦的自然條件，所以才讓他們享有「葡萄酒」吧。

因為這個因素，希臘人只要人口一增加，就會一而再、再而三的建立城邦和遷移，最後建立了一千個以上的殖民城邦。但是，比腓尼基人晚發展的希臘人，很難出入腓尼基人控制的埃及、敘利亞等先進地區。

建於咽喉點的拜占庭

位於地中海深處的黑海北岸，就成為希臘各城邦調用穀糧的地方。這是因為大穀倉地帶埃及操控在陸權波斯帝國、海權腓尼基人的聯合勢力手上。

古希臘人經過達達尼爾海峽、博斯普魯斯海峽，好不容易到達黑海北岸的烏克蘭，從親切、愛好做買賣的烏克蘭人手上取得穀物。可以說，這兩個海峽是希臘人的生命線。

位於黑海入口的博斯普魯斯海峽，狹窄蜿蜒，是一段很難航行的航道。尤其是黑海的強大海流和風交疊而至的海峽入口，更是行船的險地。因此，船隻到了博斯普魯斯海峽的入口，非得觀風探雨才行。但是很幸運的，海峽入口旁有一條深度七公里的平穩峽灣「金角灣」，是個絕佳的等風灣。西元前七世紀就在這裡建造的港口，就是殖民城拜占庭（現在的伊斯坦堡，拉丁語稱為拜占庭）。

從歷史解讀 ⑩

後來羅馬帝國把首都從荒廢的羅馬遷移到拜占庭（三三〇）。此城也隨著遷都君主的名號改稱為**君士坦丁堡**。一四五三年，伊斯蘭勢力的鄂圖曼帝國占領後，又改名為**伊斯坦堡**直到現在。君士坦丁堡的巨型屋簷市場（大巴扎）在在表現出經濟都市擁有強大的生命力，得以超越時代留存下來。

4 未能成為海洋帝國的雅典

屢屢讓古希臘陷入危機的波斯帝國

讓巴爾幹半島上的古希臘城邦陷入危機的是**波希戰爭（西元前五〇〇～前四四九）**。波斯帝國是超強的軍事大國，從西亞到東地中海皆配置了騎兵、步兵、海軍，只有重裝步兵較為不足。古往今來，大國一向是獨斷獨行。西元前五世紀初，波斯帝國發動九萬大軍，試圖壓制烏克蘭的騎馬遊牧民族斯基泰人，最後失敗。顏面無光的波斯王轉而從連結愛琴海與黑海的希臘「生命線」（購買穀物的路線）再次攻擊斯基泰人。

希臘人恐懼波斯帝國的勢力會延伸到愛琴海，以米利都（穀物貿易的中心城市）為中心起義反抗波斯。波斯王雖然出兵滅了米利都，但並不滿足，為了爭回顏面，也攻擊援助反波斯起義的雅典等希臘各城邦，這便是波希戰爭。

從歷史解讀⓫

對獨裁者而言，保有威嚴和顏面比什麼都重要。這個現象在今天的獨裁國家也屢屢可見，統治者絕對不能被民眾看不起，必須想盡辦法讓信任威權的民眾狂熱起來。因此，最重要的是**統治者的「面子」**和表現。世界史上，統治者的「面子」問題，多次引發大型戰爭。

現代也是如此，獨裁者一旦陷入危機，為了翻轉情勢，常常做出匪夷所思的舉動。根據新聞報導，現在世界上有七成的國家都屬於獨裁政權。民眾只能默默祈禱當政者不要為了保有面子，而發動愚昧的行動。

西元前四九〇年，約六百艘波斯軍船（其實是腓尼基的船與船員）逼近馬拉松的平原。據悉當時雅典能夠動員的船艦只有二十隻左右。因此雅典在海上絕對沒有戰算，只能在馬拉松的平原與波斯軍決戰（馬拉松戰役）。這時的**雅典**是**陸權**國家。

在這場戰爭中，雅典在重裝步兵的英勇作戰下，擊敗了波斯帝國，成為了古希臘千古流傳的大新聞，從馬拉松比賽在現代奧運會的閉幕典禮上才授予獎牌，顯示出它是「奧林匹克的壓軸」競賽，足以證明這場戰役的重要性。然而馬拉松比賽的起源——傳令兵從馬拉松平原長跑四十公里到雅典，告知得勝訊息後氣絕身亡的傳說，很遺憾的是羅馬時代編造出來的故事。

言歸正傳，十年後，丟了「面子」的波斯王整飭最大規模的軍力，再次進攻希臘。

薩拉米斯海戰中，雅典軍奇蹟獲勝

西元前四八〇年，二十萬（實際上應該沒這麼多）**波斯軍占領了雅典**，焚毀了木造的雅典神殿，雅典面臨生死存亡的危機。因此雅典的老弱婦孺遷移到二十二公里外、幾乎寸草不生的薩拉米斯島避難。有戰力的年輕人全部坐上軍船，與七百艘船組成的波斯海軍（其中四分之一是迦太基船）決一死戰（**薩拉米斯海戰**）。照道理說，他們不可能勝過船隻較大、數量多好幾倍的波斯海軍（實質上是腓尼基海軍）。

被選為艦隊指揮官的**地米斯托克利**派出間諜到波斯艦隊，放出雅典好像希望投降的假情報。另一面採取埋伏作戰。波斯艦隊因而誤信了雅典艦隊軍心不穩的假情報，從容地駛入薩拉米斯水道。

當時的海戰還是用許多划槳手的槳帆船全力衝撞敵船，以船頭的「衝角」，將敵船撞出破洞使其沉沒的原始戰爭，四百艘埋伏的雅典船（其中軍船約有一百艘）出其不意地衝向毫無警覺的波斯大型軍船。波斯艦隊的龐大雄兵驚慌失措。

此時波斯艦隊後方颳起強風，幫了雅典艦隊大忙。想要調頭的船與剛進入水道的後續船隻互相衝突、亂成一團。地米斯托克利的戰略計畫完全成功。

長達十一小時的激烈戰鬥，最後卻由**居於劣勢的雅典軍獲得奇跡的勝利**。波斯王考慮到再打下去，恐將無立足之地，下令退兵。當時，統治者的決定就是一切，戰爭便就此結束。

雅典戰勝後的軼聞卻充滿了矛盾。「救國英雄」地米斯托克利太受民眾崇仰，因而遭到**陶片放逐制處分**，被趕出雅典。陶片放逐制是希臘人民對有可能成為僭主（獨裁者）的人物投票，在得到一定票數後，就將他趕出雅典十年的制度。

被雅典放逐的地米斯托克利在希臘各地流浪，沒有城邦願意收留他，最後不得不請求舊敵波斯王的庇護。波斯王展現了寬宏肚量，給予庇護。地米斯托克利最後竟然是在敵國波斯離開人世。據說由於母親並非雅典人，地米斯托克利因而被雅典的掌權者疏遠。結果反而是出身顯貴的伯里克里斯得到了甜美的果實。

在伯里克里斯領導下，內部實行「民主政治」，外表卻是「帝國」

薩拉米斯海戰之後，擅於獲取民眾支持的權貴之子**伯里克里斯**領導了雅典政治。他為了防備波斯軍再次攻擊，向一百五十個城邦募集軍船與資金，結為軍事同盟（提洛同盟）。率領新興勢力的雅典與同盟各城邦，挑戰以斯巴達為中心的希臘傳統城邦。

從歷史解讀⑫

古希臘的城邦本來是各自獨立，但是雅典以下列形式加強對其他城邦的統治，在愛琴海周邊，形成以提洛同盟為中心的帝國，雅典逐步走向海權化：

一、向各城邦徵收船艦或稅金。
二、派遣雅典的駐軍。
三、派遣監督官，管理各城邦的官吏。
四、在重要審判上掌握最終審議權。
五、要求各城邦使用雅典的度量衡與貨幣。

但是伯里克里斯暗地裡將提洛同盟的基金用於雅典的建設上，大興土木，建造雅典與比雷埃夫斯港口之間的城牆工程，建設大理石結構的帕提嫩神殿、支付津貼給聚集在民會的貧窮民眾等，讓雅典的經濟好轉，獲取民眾的支持。

相對於羅馬帝國對被征服的百姓，採取開放的態度，給予公民權，雅典卻是部族性的，只要父母不是雅典人，就不給予公民權。封閉性的社會容易演變成排他社會、裙帶社會，就因為慣例、習俗的阻礙，使得雅典無法成長為帝國。

不久後，雅典就因為財富不均、激烈的上位競爭，拋棄了貧苦的百姓，民眾公德心一落千丈。群眾的不滿愈來愈擴大，民粹主義的政治家大行其道。這一點古今皆然。

伯里克里斯的守城戰略適得其反

雅典藉著提洛同盟，獨裁統治二百個城邦，引發紛爭。同時雅典禁止對立的斯巴達同盟都市使用提洛同盟的港口，故意找對手麻煩，激化城邦之間的對立。政治一旦插手到經濟，就會衍生許多問題。紛爭頻頻發生，最後爆發了**伯羅奔尼撒戰爭（西元前四三一～前四〇四）**。

雅典的戰爭指揮官是伯里克里斯。在世界史的課本中，伯里克里斯得到極高的評價，將他美化成為雅典實現民主政治的領袖。他是個運氣很好的人。但是換個角度來看，他為雅典帶來泡沫，激化城邦對立，只是個迎合大眾的領導者。

從歷史解讀⑬

不論古今，**經濟制裁**都會帶來與軍事行動同等，或是更高的政治效果。雅典對對立勢力採取明顯的制裁行動，激化了與非雅典勢力主力斯巴達之間的對立，引爆了伯羅奔尼撒戰爭。

在史學家修昔底德的《伯羅奔尼撒戰爭史》中記述，**大戰初期雅典**忌憚迦太基陸地作戰強大，所以避開陸戰，讓農民進入城裡躲避，以海軍強力攻擊斯巴達，**採取**所謂的「切肉斷骨」的**海權戰略**。

因此，農村地帶的農民背著財產行李陸續到城市裡避難，造成雅典密度過高，衛生狀態、糧食情勢極度惡化，因而發生了意外事故。圍城的第二年，西元前四三〇年，進入港口（比雷埃夫斯）的船隻帶來了傳染病（一般認為是鼠疫，但不確定是哪一種），在城內引發大流行。修昔底德記述了當時的慘狀：「屍體相互交疊」、「瀕死的百姓渴求清水，滿地打滾」。

到了第二年，雅典的人民有三分之一死亡，領袖伯里克里斯與其妻和兩個兒子也都相繼犧牲。一直以來領導民眾的狡猾**伯里克里斯去世，「雅典帝國」的夢想也隨之破碎**。接任的領導者為了得到支持，一再吹噓景氣繁榮，魯莽地出兵征戰，導致雅典一再吃下敗仗。

伯羅奔尼撒戰爭之後，古希臘的城邦之間依然爭戰不斷，城池荒廢，民眾財產盡失。一步錯，步步錯可說是歷史的「惡作劇」，但也經常一再重演發生。

從歷史解讀⑭

世事無常，而能否好好應對，可以看出領導階層的資質。為了向世界展現日本從東北大地震和福島核能發電廠事故中復興，日本舉辦了東京奧運，卻因為新冠病毒的流行，而面臨極度的困難。但是，克服重重困難，成功落幕之後，日本得到了國際性的讚譽：「正因為是日本，才能在新冠疫情中舉辦奧運」。我想日本可能是想透過在新冠疫情中舉行的奧運會，向世界傳達出超越東北大地震的能量吧。

體制的轉變與「修昔底德的陷阱」

哈佛大學國際政治學家葛拉翰．艾利森（Graham Allison）依據歷史家修昔底德的記述「戰爭難以避免的原因，在於雅典的崛起以及斯巴達對此產生的恐懼」，創造了「**修昔底德的陷阱**」這個政治名詞。

艾利森主張，既有大國與新興勢力對立的時代，**恐懼感會喚起威嚇、競爭、衝突**。其中最有名的例子是，第一次世界大戰前，德國訂立大海軍建設計畫，挑戰英國霸權，英國為與之對抗，在軍事、外交上過度反應，最後導致第一次世界大戰。但艾利森指出，**過去五百年間發生了十六次霸權輪替，其中有十二次造成了戰爭**。

現在，中國與美國的關係惡化（中美新冷戰），而二〇一五年，中國國家領導習近平自信十足地拜訪美國時，使用了「修昔底德陷阱」一詞，牽制美國。

5 軍事先進國家馬其頓掀起的世界變動

命運女神開的玩笑，讓亞歷山大大帝成為英雄

西元前四世紀，是古希臘發展軍事革命的時代。他們引進遊牧式的騎兵軍團，發展多樣化的步兵，推動軍種綜合化。而希臘北境之王，古馬奇頓王國汲取黑海北岸斯基泰人的騎馬技術，最積極地引進這類軍事革命。

於前四世紀中期即位的**腓力二世**，開發新的金礦、充實財政，致力引進遊牧民族的騎馬技術，並購買馬匹。他組合騎馬隊、備置長槍的重裝步兵部隊，建立新型軍隊，征服雅典等希臘各城邦，在希臘世界奠定霸權。總之，馬其頓靠著騎馬發動的軍事革命，擁有了凌駕波斯帝國二輪戰車的軍事實力。

腓力二世挾未盡之餘力，以「報復波希戰爭」為藉口，意圖遠征波斯帝國，但是卻在女兒的婚禮上被護衛暗殺。據說是因為同性戀的糾紛引發了殺機。這樁意外把年僅二十歲的亞歷山大三世推上遠征領袖的寶座。他打倒了波斯帝國，獲得不滅英雄的名聲。

從歷史解讀⑮

世界史會因為種種條件的組合而產生變化。一個個發生的事件，都具有它的必然性，但是這些事件連結的順序、連結的方法等，都是巧合在操控。這也是我們無法預測未來的一大原因。我們只能說，巧合是命運女神開的玩笑，在這世界上一再發生。

亞歷山大軍徹底破壞腓尼基的各個城市

亞歷山大三世（大帝）東征的勝因，如前所述，主因單純而易懂，那就是馬其頓與希臘聯合軍為騎兵和持長槍的步兵密集軍團組合，比波斯帝國依賴二輪戰車的老舊軍隊更優秀。

亞歷山大在伊蘇斯戰爭（西元前三三三）、高加米拉戰役（西元前三三一）攻破波斯軍。當然，波斯帝國長期統治讓各民族反感，也是很大因素。最後，亞歷山大軍燒毀了首都波斯波利斯，**滅了波斯帝國**。

亞歷山大在遠征中，藉著破壞與波斯帝國同盟的腓尼基城市西頓、泰爾，將**腓尼基人的商**

業霸權轉移到希臘人手上。**泰爾**是西元前一千年時，腓尼基人建設的城市，地點在距離陸地一公里的礁岩小島上，易守難攻。亞歷山大在七個月內進行緊急工程，建造通往小島的堰堤，攻破泰爾。由於戰況激烈，腓尼基人的據點泰爾共有八千人戰死，失陷後又有二千人遭殺害。而活下來的居民三萬人全部淪為奴隸。

亞歷山大在化成廢墟的泰爾城撒鹽，不讓城內長出一根草，展現強烈的決心。因此，腓尼基人只好將活動據點轉移到非洲北岸的殖民城市迦太基。這種懷著惡意徹底破壞商場敵人的手段，後來羅馬人在布匿戰爭中消滅迦太基時也同樣做過。

從歷史解讀⑯

對亞歷山大三世而言，一、奪取腓尼基人在東地中海貿易的主導權；二、掌握埃及的穀倉地帶（最大的「生產區域」）是確立霸權的必要條件。

留存到今日的亞歷山卓

西元前三三一年，亞歷山大大帝在尼羅河三角洲西端建設**亞歷山卓**，作為新的據點。過去波斯帝國與腓尼基商人掌握的埃及穀物，都轉移到希臘人手中。

亞歷山卓有豐沛的穀物輸入，當然發展得起來，不久人口即超過一百萬人，成長為要什麼有什麼，「**除了雪什麼都有**」的古代大商業城市。地中海的勢力地圖也驟然翻轉。服膺亞歷山大的武將托勒密創建的托勒密王朝（西元前三〇四～前三十）定都亞歷山卓，靠著埃及農業與東地中海的貿易而繁榮。

亞歷山卓是個計畫城市，東西約八．四公里，南北約一．二公里，中心有一條寬約三十公尺的大道，向東西延伸，井井有條的道路呈直角交叉。王宮所在的布魯克姆（Brucheum）城區，建有王宮、各種神殿、博學院（Musaeum，研究所、博物館的語源）、收藏七十萬卷藏書的圖書館等，中央大道的路邊櫛比鱗次的開了許多商店。

將海視為公共財產的思想在東地中海出現

在羅馬帝國興起之前，東地中海的羅得島商人為了生意興隆想出的規則，成為地中海商人共同的守則。在現場的人能制定出最好的守則，確實是**「術業有專攻」。羅得島商人將大海視為「公共財產（公海）」，任由商船自由航行、自由貿易。羅馬法中也吸取了海為「萬民之共有」的思想。**

從歷史解讀⑰

「公海」的理念源自於羅得島。「公海」的理念到了十七世紀，為荷蘭人所繼承，成為武力薄弱的海運國、商業國的武器。後來荷蘭強烈反對陸權強國西班牙拉攏海權葡萄牙，瓜分大西洋的行動，便重新提出羅馬法「海為公共財產」的思想作為依據。

十七、十八世紀，海洋逐漸成為各國貿易空間時，海洋被視為萬國的「共有財產」、「公共財產」。十九世紀，在海權的荷蘭、英國等的主導，限制各國領海，擴大「公海」成為國際慣例。海運也因此得以成為世界經濟的基礎。

羅得島的入口豎立著**巨大的青銅太陽神海利歐斯雕像**（底座有十五公尺高，雕像高三十四公尺），是自由國際貿易港的象徵，就如同現在紐約的「自由女神」像一般象徵著繁榮。人們相信太陽神海利歐斯每天駕著**太陽戰車**，馳騁在大地盡頭的外洋，到了夜晚，便航行內海，回到太陽升起的東方。

羅得島的巨大海利歐斯像跨越港灣入口而建，因此出入港灣的眾多船隻，都必須鑽過大雕像下方入港，就像是東京港的彩虹大橋。它的建設蘊藏著商人的驕傲。

據說西元前四世紀末，馬其頓國王想要掌控羅得島的財富，運用巨型攻城機攻打該島。羅得島的民眾合力防止了馬其頓軍的侵略，打了勝仗，所以用了十二年的歲月，鑄造象徵自由的巨大青銅雕像作為紀念。

但是，完工後六十多年，一場大地震震毀了青銅像，只剩下雙腳的部分。由於體積太大，海利歐斯像已無法再重建或破壞，據說崩塌的石塊留在原地將近八百年。

6 羅馬帝國的霸權

在布匿戰爭中獲勝的羅馬陸權

布匿戰爭是古代地中海世界最大的戰爭。為什麼陸權的羅馬和海權的迦太基再三發動大戰長年不斷呢。因為第二海權的希臘人與羅馬締結同盟關係，而迦太基掌控、連結東西地中海的咽喉點，在地中海戰略性操控上極為重要。城市國家羅馬，是個從義大利半島中央的純樸農業國家發展起來的軍事國家，在西元前二七二年，靠著陸權統一了義大利半島。

與腓尼基人爭奪海上霸權的古希臘人，在南義大利的殖民城邦（大希臘殖民市）被羅馬人統治後，就拉攏羅馬參與在穀倉地帶西西里島與迦太基的戰爭（布匿戰爭）。

本來羅馬是陸權，布匿戰爭期間，建立了五百隻以上的巨型軍船和擁有十萬人以上海上兵力的海軍，成長為陸海權並立的大國。

沒有海軍的羅馬人在戰爭中藉著希臘人的幫助，建立了由奴隸操槳的軍船（兩列槳座戰船）艦隊。希臘軍船與羅馬軍船的一大不同，是羅馬軍船的船頭裝載了末端有尖鉤的船橋，叫做「科爾瓦斯」（corvus）。平時，船員會把科爾瓦斯吊起來，在與敵船衝撞時放下來固定，讓敵船無法駛離。同時變成橋，在船上可進行單兵作戰。羅馬在船上也在進行陸地戰爭。

我們可以理解，羅馬原為**陸權**，是因為它在**陸地上設置大規模的道路網**，依一定間隔設置驛站，建立起歐洲世界的基礎。

從歷史解讀⓲

古代地中海發生的最大戰役——布匿戰爭，是為了搶奪連結東西地中海最大咽喉點的戰爭。不過羅馬似乎並不明白咽喉點的意義。可能因為如此，迦太基被完全摧毀。直到一百多年後，才又將迦太基重建為新迦太基。重建的新迦太基，很快就成長為與羅馬不相上下的大都市。

自海上獲取大量糧食

羅馬帝國藉著與古希臘的城邦間簽訂個別的條約，詳細規定可保有的軍艦數量、守備範圍等，得以維持海上秩序，但是並非以自己強大的海軍實力維持秩序。羅馬帝國本來就不是海權，因此在管理國家時，利用「公海」概念作為藉口倒是十分方便。

西元前六七年，羅馬給予龐培（Gnaeus Pompeius Magnus）五百隻軍艦、十二萬兵，命他徹底掃蕩海盜，確保安全的糧食運輸路線。

成為羅馬開國皇帝的**奧古斯都**（西元前二十七～西元十四年在位）**常設糧食長官**，賦予運送海上大量穀物，與分發給公民的義務。因為穀物進口若不能系統化，羅馬民眾的糧食就無法維持。

克勞狄一世皇帝，在通往羅馬的臺伯河河口，建造廣大的奧斯提亞港，讓運載糧食到羅馬的巨型糧食船可以靠岸。但即使如此還是不夠，所以圖拉真皇帝，在港口後方擴張成挖入式正六角形港口，形成糧食倉庫帶。

到了西元二世紀，在首都羅馬，十五萬至十七萬五千戶的家庭，以一家三至五人來計算，共有四十至七十萬人獲得國家免費供應的穀物。總之，三分之一到二分之一的羅馬公民不用工作，靠帝國供養。公民食用的糧食，有四個月分是從埃及運來的。

羅馬帝國的鼎盛時期，是帝政開始到五賢帝時代結束，約二十年，史稱「羅馬治世（羅馬和平）」時代。羅馬人在地中海周邊建設的都市與殖民城市，約達五千六百個。但是，陸權羅馬帝國並沒有控制地中海網絡，統一管理廣大海域的能力。派遣到各地的軍團是負責以武力取得糧食。因此羅馬帝國的分裂有其必然性。

7 三世紀的危機令羅馬帝國自取滅亡

垮台的「羅馬治世」與卡拉卡拉皇帝的改革

五賢帝最後一位皇帝馬可．奧理略正是羅馬帝國盛極一時的時代，他不但揮軍在多瑙河周邊參與馬科曼尼戰爭，對抗北方各民族的侵略，又賜予弟弟路奇烏斯．維魯斯軍隊，命他遠征安息帝國，爭奪商業地區亞美尼亞的統治權。

遠征軍在一六四年攻下了主要城市泰西封，但是在羅馬軍回國時，從安息帝國帶回了傳染病（傳說是斑疹傷寒或天花）。自一六四年到一八〇年的十五年間所向披靡（以皇帝的名字命名為「安東尼大瘟疫」，譯注：馬可．奧理略的全名為馬可．奧理略．安敦寧．奧古斯都）。

從安息帝國帶來的瘟疫大流行，造成遠征軍無一生還，光是義大利半島，就有六百萬人喪生，約占人口的十分之一。首都羅馬的人口遽減。有「哲學家皇帝」之稱的馬可．奧理略努力埋葬死者、維持秩序。但是一八〇年，他自己也被傳染，留下「請不要忘了瘟疫和染病死去的人」便離開人世。

羅馬和義大利半島成為瘟疫的毒窟後，許多羅馬公民為了躲避疫病，逃出羅馬和義大利半島，搬遷到地中海周邊各地。為了因應羅馬帝國的變化，**二一二年，卡拉卡拉皇帝採取羅馬以外行省的自由民，也享有公民權的措施**，針對公民從羅馬搬到行省的應變措施。

換個角度來看，這正是羅馬**轉變為地中海海權的機會**。但是，陸權的傳統很難輕易改變。不論是哪個社會，改革利害交纏的結構都是極難實現的工作。卡拉卡拉皇帝的舉措，反倒為帝國帶來了分裂。

「三世紀的危機」與軍閥的混戰

行省的自由民得到公民權後，行省軍力增加，五十年（二三五～二八五）之間，有二十六位皇帝都出身行省，進入因為戰爭而輪替皇帝的**軍人皇帝時代**。

長期的內戰後，羅馬一片荒蕪。這段帝國的危機，史稱「**三世紀危機**」。羅馬帝國沒有再出現有才能足以重整行省的皇帝，也未能找出轉換為海權的方法。

在這種狀況下，二五一年到二七〇年間，高傳染力的瘟疫再次從衣索比亞擴散到帝國各地。政府束手無策，此時基督教會的迦太基主教居普良透過禱告救濟大眾而受到注目。居普良後因迫害而殉教，但是他在這段瘟疫流行期展現的作風，使基督教的名氣高漲，成為大眾宗教。

戴克里先皇帝恐懼基督教會會成為反皇帝運動的「核心」，他因為對基督教會進行大迫害而為人所知。但是接下來的君士坦提烏斯皇帝卻完全翻轉，不但公開承認基督教（三一三），並且將它編入統治體制的一環。值得一提的是，軍人皇帝時代的瘟疫，叫做「**居普良瘟疫**」。

戴克里先在軍人皇帝激烈的權力鬥爭中獲勝，為了克服帝國的危機狀態，引進了薩珊王朝興盛時期（二二四～六五一）的專制統治與官僚制度，以強大的獨裁統治強化陸權。繼任的君士坦提烏斯皇帝卻靠著基督教加強皇帝的權威。**羅馬一直持續強化皇帝獨裁，直到三九五年，**

帝國分裂為東、西羅馬為止。

三七六年，日爾曼人入侵衰弱的帝國西部，帝國失去了統御力。之後，羅馬帝國以東方君士坦丁堡為中心，成為希臘式的商業帝國，存續了約一千年。

第三章

海洋的印度與大陸的中國

印度洋中的印度，與和遊牧民族長年交戰的中國

1 季風中的印度

季風實現廣域的航海

中國與印度是全世界代表性的人口大國，未來GDP可能會超越美國的兩國，現在正為了印度洋的霸權而相互對立。

一言以蔽之，印度是瀕臨印度洋的海洋國家，以大海與中東的石油路線、東非、東南亞相連，在地緣政治學上占有優勢。軍事上也是世界第二名核武器保有國和武器輸出國，更是眾所皆知的IT大國。

相對的，中國是歐亞大陸的內陸大國，與眾多國家國境接壤，以大國身分領導歐亞大陸的歷史。近年靈活地運用全球化經濟，以廉價的勞力和「廣大的國內市場」，躍升為GDP世界第二名的經濟大國。但是受到古老歷史的牽制，農民持有的農地只有全世界農民的一半，八億農民現在仍處於極貧困的狀態。

不論怎麼說，中國都是個問題堆積如山的陸權國。當然，不能否認兩個大國都有許多必須解決的難題。

從歷史解讀⑲

與中國「一帶一路」政策連動的「珍珠鏈戰略」，是一套以海南島為起點，在緬甸的實兌、孟加拉的吉大港、斯里蘭卡的漢班托塔港、巴基斯坦的瓜達爾、阿曼的杜康、卡達的哈馬德、希臘的比雷埃夫斯等地設置據點的戰略，但是整體上體系性太弱。

為對抗中國而建立、以印度為中心的東南亞國家協會（ASEAN）國家、東非各國共同擬定的保障印度洋周邊安全的海洋戰略，叫做「鑽石鏈戰略」。以扎根於海洋歷史的「網絡」成為基石。

印度洋各海域中，恆河流入的孟加拉灣開拓於三千年前，面臨孟加拉灣的印度半島東岸，雨量過多的雨季與完全不下雨的乾季相互循環，氣候相當嚴峻。孟加拉灣的風向，每到夏季與冬季便會轉變，稱為「**季風之海**」。

雨季的雨灌溉稻米，所以有幾條大河流入與孟加拉灣相鄰的南海，物產都很豐饒。利用河川的水運昌盛，河口、分岔點的都市、集落聚集成一個大的經濟圈，它們互相連結造成了大商業圈。

2 「海・陸」複合的東南亞

國際貿易繁榮的「亞洲多島海」

東南亞海域最西端是錫蘭島（斯里蘭卡），經過安達曼海、克拉地峽，自泰國灣起與南海相連。南海有許多島嶼，以婆羅洲為中心，是個「交易之海」，也叫做「**亞洲的多島海**」。

南海與孟加拉灣（東西約一千六百公里，南北約二千公里）、安達曼海連結的廣大海域，是印度商人開拓的。在這個海域，可以利用夏天從東南方吹來的季風，與冬季從西北吹來的季風定期輪替，進行長途航海。從印度洋這個海洋名稱即可知道，印度是海洋的世界。印度洋是「季風」之海，夏冬兩季風向定期變化，也因而成為貿易之海。季風（monsoon）一詞源自於阿拉伯語的「mausim」，是「每年慣例」的意思。

印度洋有三個咽喉點，與南海連結的麻六甲海峽、與波斯灣相連的荷姆茲海峽、與紅海相連的曼德海峽。由於物產豐富，東南亞成為海上交通的中心，伊斯蘭、印度、中國、歐洲各勢力紛紛介入，現在海權美國與陸權中國的勢力競爭愈趨白熱化。冷戰結束後，成為地區經濟圈發展中心的東南亞國家協會，分裂成數個陣營，削弱了實力。

另外，在東南亞，印度梵文所占的位置，類似於東亞的漢語，有四成以上的語言源自於梵文。例如，爪哇（「大麥、穀物」之意）、蘇門答臘（「海洋」的意思）、雅加達（「勝利堡壘」之意）、緬馬（「強壯者」的意思，譯注：即我國稱呼的緬甸）等，都是古印度的梵語。

從歷史解讀⑳

東南亞的歷史複雜，不過粗略來看，它是一段陸權民族從雲南南下中南半島的柬埔寨、越南、泰國，與馬來語族的印尼、菲律賓等海權民族抗爭的歷史。

孟加拉灣與泰國灣的「轉運據點」——克拉地峽

令人意外的是，古印度商人交易上最大的障礙，竟然是現在的咽喉點麻六甲海峽。

亞洲海洋的咽喉點，是長達八百公里的馬來半島與蘇門答臘島之間的**麻六甲海峽**。但是在離新加坡海峽約四百公里的部分，海路狹窄，淺灘處處，航海十分困難。潮汐滿退阻礙船隻航行，而馬來半島中央一帶的山岳突然颳起的暴風，多會伴隨著陣風而來。

此外，麻六甲海峽的季風風向會改變，帆船必須長時間在海峽等待。埋伏在狹窄水路的海盜們虎視眈眈地覬覦商人的貨物。對附近的漁民來說，海峽也是寶藏船的通道，掠奪船隻財物成為重要的副業。

商人載運龐大的財產當然視安全為第一。因此，**馬來半島最狹窄的克拉地峽（最窄的地方四十四公里），被利用為孟加拉灣與南海的轉運地。商人會在地峽地帶暫時卸貨，運到泰國灣。**現在，有在克拉地峽開鑿運河的構想。如果實現的話，連結印度洋與東亞的航路，相較經由麻六甲海峽，約可縮短一千二百公里。

印度商人經由克拉地峽的路線，連結了柬埔寨與越南南部。

許多印度商人移居柬埔寨和越南南部，就是因為這個地區正好位在孟加拉灣、克拉地峽與泰國灣的連結線上。

二世紀占族人在越南南部建設的林邑，有許多印度商人搬來此地，也將南印度的婆羅米文字和佛教傳入。

靠著巨大的調節湖而繁榮的柬埔寨

中國史書（《梁書》諸夷傳扶南國項）記述，扶南（現在的柬埔寨）在范蔓王的時代建造大船，征服了周邊十餘國。

據康泰所寫的《吳時外國傳》（《太平御覽》卷七六九、舟部二），扶南的大船長十二尋，寬六尺，可容納一百人，每五十人各列一排，持長櫂、短槳、竹竿，同聲吆喝划行。

直到現在，從西藏高原流下柬埔寨的湄公河、泰國的湄南河，都仍是經濟的大動脈，但在古代河流就已是交通路徑了。季風地帶的東南亞，雨季和乾季交互出現，不下雨的乾季，農業就需要「蓄水池」，非常辛苦。

但是，**柬埔寨有個叫洞里薩湖（是日本最大湖琵琶湖的四倍。雨季時湖面會增加到六倍）**

的大湖泊，它能發揮「蓄水池」的功能，因此農業發達，建立了大農業國家（扶南）。

西北部吳哥地區，吳哥王朝（一一一三〜一四三二）以大吳哥為首都，是一強大的陸權。十二世紀建立的佛教寺廟吳哥窟（最早原是印度教寺廟），是東南亞舉世聞名的偉大建築。

印度商人的活動與遷移，讓印度洋與孟加拉灣連成一氣，扶南成為東南亞入口的據點。赴印度半島東岸進行交易的羅馬商人，也會循著印度商人的路線前往東南亞從事貿易。

一九四四年，法國調查隊挖掘出扶南首都外港澳蓋遺跡，從中發現羅馬安敦寧・畢尤皇帝時代的金幣，和犍陀羅風格的印度佛像、東漢的銅鏡等。澳蓋是印度、東南亞各地、中國、波斯、羅馬船隻會停靠的國際港。

亞洲最大的咽喉點——麻六甲海峽

蘇門答臘與馬來半島之間綿亙不斷的咽喉點麻六甲海峽，是連繫孟加拉灣與南海的東西貿易要衝。只要查閱地圖就知道，麻六甲海峽呈喇叭狀，西側臨孟加拉灣較寬廣，東側臨南海較為細長。因此，若想要掌控麻六甲海峽，只要在南海側的蘇門答臘島東部設立「據點」，就能手到擒來。

在麻六甲海峽周邊建立的馬來人城市，到了七世紀，互相連合以巨港（為「河川匯聚之地」的意思）為中心，建立**三佛齊國**。三佛齊向通過麻六甲海峽的商人們徵稅，不久後，勢力延伸到對岸的馬來半島，以麻六甲為中心，操控整個海峽，掌握連結南海、孟加拉灣、印度洋、爪哇海的亞洲東西貿易。

新加坡在十九世紀，英國將它發展為自由貿易港，也成為沿蘇門答臘的長條海峽的中心。明朝鄭和的艦隊，也將麻六甲運用為通往印度洋的前進基地。

到了八世紀，**夏連特拉王朝（八世紀中葉～九世紀前期）**進軍爪哇島北部，貿易路線延伸到摩鹿加群島（馬魯古的英語發音，源自於王的複數形穆魯克）。從爪哇島中部建造的大乘佛教石造大塔、**婆羅浮屠遺跡**，即可看得出夏連特拉王朝的繁盛。

從歷史解讀 ㉑

現在的麻六甲海峽，是中東石油運輸到東亞的咽喉點，第二次世界大戰之後，就在美軍的管轄之下。

中國雖然成為經濟大國，但過度仰賴貿易，進口石油中的八成、中國製商品約有三分之一，都會通過麻六甲海峽。因此，中國認為「掌握麻六甲海峽的國家，扼住了中國能源供給源的咽喉」，因而有了「**麻六甲困境**」。

因此，中國為確保穩定的石油供應，在印度洋沿岸的巴基斯坦、緬甸等地，握有「據點」港，建立輸送石油到內陸的捷徑，這實在是「內陸國」不得不採取的海洋策略。

3 遊牧民族與農業民族的慘烈激戰地——黃河流域

古代中華世界的海，是山東半島北方的渤海

中國的歷史始於黃河中游的「中原」，南方的沿海地和長江流域，長久以來都被當成「蠻夷之地」，直到魏晉南北朝之後的隋唐帝國時代，才納入中國版圖。而**南方的福建、廣東，更是在唐末才歸入中國**。這也是作為國語的北京話、上海話、福建話、廣東話發音相異的原因。

在悠久的年代中，中國的歷史其實是華北的歷史。

據說黃沙比水還多的黃河，下游流速減緩，形成沖積平原，大量泥沙堆積成為「懸河」，二到三年會發一次大洪水。因此，從流域出海困難重重，中國文明因而被陸地封閉，成為「內陸文明」。古代中國人所知道的海，大概只有渤海，它因連結山東半島與遼東半島的廟島群島與黃海相隔。古中國的中心港口，是山東半島北岸，**瀕臨渤海的登州**（設置於橫跨山東省煙台市與威海市的地區）。五八九年，隋朝建設了**大運河**，將游牧民族與農業民族交雜的黃河中游，和農業民族的長江流域合而為一。藉著內陸的大水道，將「南船北馬」南北相異的世界融成為一體。不能用海，就藉由大興土木的工程來解決。

從歷史解讀㉒

黃河由於黃土堆積，下游經常發生大洪水。所以黃河文明脫離大海，是**典型的內陸文明**。中亞的大草原東西橫亙八千公里，但是蒙古高原與黃河中游，才是大草原遊牧民族與中國農民爭奪糧食的最前線。

因此，中國人建了萬里長城，千百年以來，激烈的爭戰不斷，陷入糧食爭奪戰。而與南方海洋世界接壤的越人居住地區，則被視為蠻夷之地。

中國維持了二千年以上的「陸上帝國」（陸權），中國的「陸地國境線」之長，從世界地圖上一目了然。而中國的海岸線，卻比日本還短。

與遊牧民族混血成為雙動力的中華世界

這裡我們開始談談地緣政治學的部分。簡單的說，草原的遊牧民族因為氣候乾燥，無法生產穀物，需要依賴農業社會。西元前六世紀，烏克蘭的斯基泰人開發的騎馬技術，與可以在馬上射出的短弓普及之後，大農業地帶的黃河流域與蒙古高原，就成了遊牧民族與農業民族爭戰的最前線。而且，蒙古高原與黃河流域之間沒有任何屏障，只有平緩傾斜的土地。

因此，為了保障安全，中國投入莫大的經費和人力修築「萬里長城」。但是對穀物勢在必得的遊牧民族，組織了數倍、數十倍於過去的部落，進攻農業地帶。

漢武帝為了打破這種局面，發動與匈奴的全面戰爭，謀求擴大中華帝國的疆土，但卻失敗了。戰爭給農民造成過大的負擔，漢朝長期混亂不斷，最後滅亡，進入地方豪族對立的三國時代。

遊牧民族與農業社會的接觸點一擴大，遊牧民族的騎民就會被雇用為傭兵。結束三國亂局的西晉便將傭兵用於內戰，許多遊牧民族（五胡）在黃河中游建國。形成五胡十六國（三〇四～四三九）的大混亂時代，中國社會往遊牧化、軍事化發展。

最後，蒙古族鮮卑人建立的北魏終結了混亂時代。北魏將首都遷到洛陽，即中國社會的中央地帶，推行漢化，改變風俗和語言，積極採取和漢人豪族通婚，推動同化。而**隋唐帝國繼承了同化的潮流，形成蒙古高原的遊牧民族與漢人的混合社會**。之後，除了**宋、明之外，一直出現遊牧系的王朝，中華帝國也一直維持著內陸國家**的特性。

從歷史解讀㉓

中華農業社會對遊牧民族波狀性的侵擾苦不堪言，於是用以下四種方法對付軍事性的遊牧民族。但是，結果卻走向「同化」，被好戰的遊牧社會融合。

一、防禦：秦、明——修築萬里長城，遊牧民族反而增強了攻勢。

二、攻擊：西漢——國力耗損而失敗。

三、收買：遼、金——以進貢換取和平。

四、同化：北魏、隋、唐、清——所謂遊牧民族的「漢化」。

第四章

與遊牧帝國共存的印度洋商人世界

鼠疫大流行之間興起的巨大遊牧帝國與印度洋交易

1 阿拔斯王朝活化了西亞的邊緣地帶

兼具陸海特性的阿拔斯王朝

從七世紀到十四世紀之間，陸續出現了巨大的遊牧帝國，包括阿拉伯遊牧民族的伊斯蘭帝國、蒙古遊牧民族的蒙古帝國等。但是，遊牧帝國主力放在統治農業民族，對與遊牧帝國擴大連動的印度洋、南海商人的大規模貿易毫無興趣，更無意直接操縱。因此，遊牧帝國與海上大規模的商人世界得以共存。

遊牧民族想脫離貧困的生活，有兩種方法：一、從農業社會收奪穀物作為稅收的方法；二、運用商人的地理知識，保護商業、徵稅的方法。遊牧帝國與商人保持著相輔相成的關係。

如果從海洋來看遊牧帝國的時代，靠著遊牧帝國的後盾，商人們在海上也能擴展網絡，可說是活化陸海廣域商業的時代。**阿拔斯王朝、蒙古帝國等大遊牧帝國，與印度洋、南海商人的大商業圈維持著共存、共榮的關係。**當時，在亞洲海面交易的單桅帆船，戎克船，因為體積輕，很難搭載大砲，無法發展成以武力控制海洋的時代。

陸權的遊牧民族，一再從歐亞內陸（**心臟地帶**）的大草原進犯農業社會。那個時代，擁有機動力的遊牧騎兵團具有絕對性優勢。但是，遊牧民族最關注的是農業社會與內陸商業，絲毫沒有想到要操控海洋。

心臟地帶與海權（日本、部分東南亞島嶼、地中海、北歐等）之間的邊緣地帶（歐亞的沿海部分）開拓出富饒農業社會，有時也會受到陸權的侵略。

從歷史解讀㉔

內陸的大國對印度洋、南海的主要港口（港市）不抱興趣。以港口管理者的角度來看，商船不入港就沒有稅收，所以管理者努力與商人協調，在來自各海域的商人代表的協議下經營港口。遊牧民族以陸權的武力征服建立起大帝國，但是在海洋的世界，商人掌握了主導權，海權是脆弱的。

阿拉伯的大征服運動造成「查士丁尼大瘟疫」

遊牧民族建立了長達約八百年的大帝國時代，始於阿拉伯人在伊斯蘭教團的指導下，對拜占庭帝國、薩珊王朝發動的**大征服運動**。**阿拉伯人從拜占庭帝國手中奪走埃及、敘利亞、地中海的南半邊，滅了薩珊王朝，建立伊斯蘭帝國**。

這種世界秩序的大變動若無撼動體制的大事件，不太可能發生。而**導火線是穆罕默德開創了伊斯蘭教，以及鼠疫突然的大流行**。這兩者的同時出現，完全是巧合。

有關鼠疫的流行，法國諾貝爾文學獎得主卡繆的小說《鼠疫》裡提到過。五四三年，拜占庭帝國的首都**君士坦丁堡**（現在的伊斯坦堡）突然爆發鼠疫**大流行**，便以當時皇帝的名字，稱為「**查士丁尼大瘟疫**」。

鼠疫在一年內，讓君士坦丁堡四成的人口喪生。大流行在三年後進入尾聲，可是據說後來鼠疫仍以每五到十年的周期，存在了約六十年。而且鼠疫也傳到薩珊王朝，造成王朝的衰弱。

事實上，鼠疫流行的時間，正是拜占庭帝國最鼎盛的時期，羅馬帝國頗有重新掌握地中海的氣勢。「從天堂掉到地獄」是世界史中隨時隨地可能發生的狀況，因而政治家必須具備船長一般的洞察力、機智和勇氣。

拜占庭帝國的查士丁尼一世（在位期間五二七～五六五）即位十年後，打倒非洲的汪達爾王國，兩年後在首都君士坦丁堡建設聖索菲亞大教堂（現在的索菲亞清真寺），並即將從東哥德手中收復義大利半島。

就在此時，突然爆發鼠疫。鼠疫原為雲南、西藏高原南麓的地方傳染病，不知循著什麼路線，到達胡椒的集散地印度西岸，《貿易大歷史》作者威廉・伯恩斯坦（William Bernstein）推測，很可能搭上前往埃及貿易船的黑鼠身上，藏著攜帶鼠疫桿菌的跳蚤。

但是，沒有大都市，只有無邊沙漠的阿拉伯半島，幾乎未受到鼠疫流行的影響。鼠疫是「貿易病」、「都市的瘟疫」。在鼠疫尚未流行到的沙漠，阿拉伯半島西岸，穆罕默德（五七〇左右～六三二）創立伊斯蘭教團，當時只是個兩百人左右的地方教團，卻影響了眾多遊牧部族。

六三二年，穆罕默德驟逝，教團為防止遊牧民族叛離，成功從阿拉伯半島發動大征服運動，成為**強大的陸權**。伊斯蘭勢力從國力衰退的拜占庭手中，奪下敘利亞、埃及和北非，滅了薩珊王朝（六四二），在西亞到地中海南岸的**邊緣地帶**，建立了**伊斯蘭帝國**。自古代維繫到此時的地中海一體性因此完全潰散。

這段期間，**十三萬的阿拉伯人遷移到廣闊的邊緣地帶**。阿拉伯人與重商的伊斯蘭教團進入整合、統治農民、遊牧民族、海洋民族的時代。

六七四～六七八年，伊斯蘭軍包圍首都君士坦丁堡。君士坦丁堡一旦淪陷，地中海將全面轉變為「伊斯蘭的海洋」。拜占庭軍使出一種石油的火焰發射器（**希臘火**），竭盡全力保住了君士坦丁堡。

由此時起，**古代的地中海世界分裂成「伊斯蘭的世界」和北部的「基督教世界」**。

2 在印度洋，冒險商人成為主角

工業革命之前的最大城市——巴格達

伊斯蘭世界的統治權自從事征服的遊牧部落奧瑪雅家（奧瑪雅王朝）轉移到由伊斯蘭勢力掌控的**阿拔斯王朝**。阿拔斯王朝可視為伊斯蘭教團下各民族的聯合勢力。他們重視與伊朗人的合作，所以將中心移到伊朗人的根據地，也就是臨近波斯灣與印度洋的伊拉克地區。

阿拔斯王朝在西亞的邊緣地帶樹立起巨大的商業帝國後，商業圈便以巴格達為中心，為了因應商業圈的大量需求，波斯灣一帶的伊朗族、阿拉伯族等穆斯林商人，活絡了與印度洋周邊的貿易。此外，王朝成立後，阿拔斯軍在**怛羅斯河之役（七五一）**打敗了高仙芝率領的唐軍，也進軍絲綢之路。將陸、海的商業網絡結合起來，連絲路的商人都開始出入印度洋。

到了最後，阿拔斯王朝成為**綜合邊緣地帶貿易圈的商業帝國**，東起中亞，西到伊比利半島，從東方的印度洋、南海橫跨到西方地中海。印度洋、地中海貿易圈、絲路都在國際經濟都市巴格達匯集。

本來巴格達就不只是政治、宗教、軍事的中心都市，它具備有建立大商業圈的地理條件。底格里斯河流經市區，並以運河與幼發拉底河連結，因而成為水上交通的要衝，而且鄰近波斯灣以及灣外的印度洋，都具有地緣政治學上的條件，所以在建設首都時雀屏中選。

巴格達同時也是商業上的要地，因而**成為海路、河流交通、陸路的起點，短短幾年，人口就發展到一百五十萬，成長為工業革命前的最大城市**。

單桅帆船——小型帆船的世界

巴格達的外港巴斯拉以及與唐宋交流的貿易港錫拉夫，聚集了眾多海運業者，他們叫做「納荷達」。他們身兼船長，操縱稱為「dlow」的外洋單桅帆船，到印度洋各地做生意。就如同歐洲「大航海時代」的船員，他們也記錄下造訪地點的航線、港灣資訊、經濟資訊和新奇見聞。這些無數的資訊，後來就被運用在《一千零一夜》中〈辛巴達冒險記〉的故事材料中。此外，辛巴達這個名字，意思就是印度東部辛德地方的船員。

由於當時釘子十分珍貴，而穆斯林商人的單桅帆船完全沒有用一根釘子，是一種造形雅致的外洋船。雖然現在很難有機會看到了，不過，過去在印度洋上，經常會遇到這種形狀獨特的單桅帆船在海上悠然來去。

單桅帆船的特色在高桅杆和巨大的三角帆，它的構造十分簡單，船板用椰子纖維縫合，空隙用焦油、纖維等塞緊防水。即使後來大砲普及，也很難放在甲板上。這也是印度洋始終是「貿易之海」的原因之一。

擁有固有歷史的波斯灣、紅海、阿拉伯海、東非沿岸、孟加拉灣、南海等各別的海域，靠著位於邊界的港口媒合，互相連結起來，形成穆斯林商人的廣大海洋世界。

從歷史解讀㉕

當國際商業繁榮擴大了貧富差距後，位在邊緣地帶的阿拔斯王朝內，遜尼派（體制派）與什葉派（反體制派）鬥爭逐漸白熱化。遜尼派找來中亞的遊牧突厥人，訓練為馬穆魯克（軍事奴隸軍人）用於軍事上。從內陸地帶入侵的突厥人成立了塞爾柱王朝，陸權因而漸漸掌握了阿拔斯王朝的統治權。

3 南海貿易後來居上的原因

廣州成為穆斯林商人的大居留地

八五一年，穆斯林商人所寫的《中國印度見聞錄》中記載，除去靠港地的停泊日，從波斯灣航行到廣州，順風的話需要一百二十天，即從波斯灣到印度西岸一個月，到麻六甲海峽一個月，麻六甲海峽以東的航海需要兩個月。但實際上，在季風風向轉變的麻六甲海峽，需要長時間等候風向，所以大約是來回兩年的長途航行。

穆斯林商人會採購西亞產的玻璃、棉布、毛織品、阿拉伯半島產的乳香、龍涎香等香料、波斯灣的珍珠、非洲的象牙、犀角等，但光是這樣，商品還不夠，也要依靠印度、東南亞產品的轉運貿易。

《中國印度見聞錄》記述，唐末黃巢叛軍占領廣州時，殺害了十二萬的伊斯蘭教徒、猶太教徒、基督教徒、祆教教徒。廣州位在珠江三角洲的北端，是唐代的最大貿易港，這個數字雖然有其誇張之處，但由此得知住在這裡的穆斯林商人已多到難以想像。

該書也就伊斯蘭教徒在廣州建設清真寺，設置自治居留地，伊斯蘭的「蕃長」（外國人的代表）擁有審判權等狀況，有著以下的記述：

商人蘇萊曼告訴我，商人聚集的漢福（廣州）城，有一名伊斯蘭教徒。中國首長給予此人裁決此地伊斯蘭教徒紛爭的權限。這也是中國皇帝同意下令的處置。這個人物在節日指揮伊斯蘭教徒的禮拜，在星期五的禮拜上宣教，為伊斯蘭教徒的蘇丹向神祈福。而且，對於這位人物遵循真理、神的啟典及伊斯蘭法所做的裁決和行為，伊拉克的商人們也完全認同他的權限。

因為國家風險而撤退的穆斯林商人

私鹽（當時鹽屬於政府專賣品）商人王仙芝與黃巢揭竿而起，發動大規模的農民起義，史稱黃巢之亂（八七五～八八四）。叛亂從黃河流域擴及廣東地區，叛軍占領廣州，掠奪穆斯林商人的財產，造成許多人喪命。

這次大叛亂最後導致九〇七年唐朝的滅亡，穆斯林商人對中國的動亂驚惶失措，因而從廣州撤出，將據點移到麻六甲海峽附近的小島。

穆斯林商人撤至東南亞海域後，中國南部與東南亞海域之間出現了空白。其中，**中國南部沿海被視為「夷狄」的商人，在宋朝時仿單桅帆船，建造了名為戎克船的外洋帆船，來往於東南亞。**

他們最先交易的對象，是七世紀以來，一直把持麻六甲海峽咽喉點的馬來三佛齊國。戎克船也因此在短短時間內就有了驚人的成長。

中國商人進軍海洋並不是政治主導，而是南海經濟情勢的變化帶來的結果。**北宋與南宋受到北方遊牧勢力（遼、金）的壓制，陷入財政困難，因而對戎克船貿易十分保護。**南宋的歲入中，有兩成來自對外貿易的收入。

從歷史解讀㉖

這個時代，稱為宋瓷的陶瓷器（英文中的china）取代了絲綢，成為中國的代表性新商品，廣泛出口到東南亞、西亞、地中海和歐洲。由於這種趨勢，擴大規模的「海上絲路」也被稱為「陶瓷之路」。

質量精純的宋錢（銅錢）大量出口到日本和東南亞，成為東亞和東南亞的通用貨幣。活化的經濟和產業也帶動了戎克貿易的興盛，儘管如此，海軍並不強大，這便是亞洲海洋世界的特色。

4 元朝整合了印度洋與南海、東海

一二六〇年，忽必烈在全是自己派系參加的族長會議（忽里勒台）就任大汗之位，然而弟弟阿里不哥也在另一場會議被推舉為大汗，形成兩個大汗爭奪蒙古帝國大位的局面。一二六四年，忽比烈勝出，成為唯一的大汗，但是海都連合中亞各部落與忽必烈對抗。至此，蒙古帝國完全分裂，形成元朝和伊兒汗國的農業地帶，與中亞遊牧部族的聯盟。

忽必烈重視商業，加強**元朝與伊兒汗國之間海陸商業的穩定**，以維持秩序。在陸上，整建驛傳制的「草原絲路」，連結元首都大都（現在的北京）與伊兒汗國首都大不里士，進行穩定的交易。

至於可以運送大量物資的海洋，則以連結波斯灣與印度洋的咽喉點——**荷姆茲海峽的荷姆茲島為西側「據點」**。經過印度洋、孟加拉灣、咽喉點**麻六甲海峽**，到達南海、**台灣海峽的「據點」泉州**，以航線將波斯灣、印度洋、南海、東海連結起來。進而再接軌江南往首都大都的運米航道。

黃海航線經由江南穀物的集散地杭州，航行至臨渤海的天津，通過流入渤海的白河與閘門式的運河——通惠河到達**大都**。也就是說，在蒙古帝國時代，**陸地的「草原絲路」與「海上絲路」在大都結合為一**。

從歷史解讀㉗

蒙古帝國雖然掌控連結草原絲路與海上絲路的亞洲圓環網絡，但海上絲路是海洋民族開拓的貿易路線，並不是蒙古人開拓的。穆斯林商人只是靈活管理已開拓的路線。在元朝，經營轉運貿易的是一批稱為「色目人」的穆斯林商人。

意外的元日戰爭之後，元日貿易興隆

元朝仰賴江南生產的稻米，將集運到杭州的米，經由東海、黃海、渤海運到天津，然後再從那裡經運河運到大都。印度洋的物產也透過這條路線流通。因此在元朝時代，「東亞的大航海時代」到達了巔峰。

在朝鮮半島西南部新安外海打撈到當時日本的沉船，清楚地述說當時交易的熱絡。一三二三年，這艘全長二十八公尺、最大寬度約八公尺的商船，從元的港口慶元（現在的寧波）出港，在海上漂流之後，在新安外海沉沒。這艘沉船已被打撈上岸，展現了元日貿易的狀況。

從船上發現的木簡得知，這艘船是一三二九年日本京都東福寺燒毀後，為了籌措重建費用，而由東福寺分院博多承天寺住持與當地中國人贈送的貿易船，船員有中國人、日本人和高麗人。載送的商品中，主要為**中國陶瓷器**二萬六千九百一十件，**銅錢**八百萬枚（約二十八噸），也運輸紫檀、黑胡椒等。陶瓷器與銅錢是當時戎克船貿易的主力商品，對日貿易也是如此。

與西方「文藝復興」匹敵的東方「留學僧世紀」

東亞的海洋隔著歐亞大陸廣大的蒙古帝國與地中海相鄰，蒙古帝國的國際性，將歐亞大陸的「陸上貿易路」與「海上貿易路」連結起來，促進了東西文明的交流。

第四次十字軍（一二〇二～一二〇四）攻陷君士坦丁堡後，拓展東地中海的熱那亞從陸路、威尼斯經過埃及的亞力山卓，與蒙古帝國的亞洲商圈連結。莫大的財富流入義大利，奠定**文藝復興的經濟基礎**，中國的**羅盤**、**火藥**、**活字印刷術**等傳入歐洲。**義大利文藝復興是歐亞規模經濟活動在義大利產生的現象**。

蒙古帝國的時代，東亞也在海上貿易熱絡的背景下漸趨國際化，過去未曾見過的大量日本禪僧，遠渡中國長年滯留在元。當時，在東亞流行座禪即可開悟的簡易禪宗，根植於中國的生活模式，是一種從生活中體悟真理的宗教。因此，僧人留學時間必然會拉長，留學僧在學會中國的生活模式後才會返國。

書院結構、庭院造景、家具、素食料理、點心、飲茶等廣泛的中國文化因而傳入日本，大大地改變了日本的生活模式。

蒙古帝國規模宏偉的歐亞商圈，不只改變了歐亞大陸西側的義大利都市，也為東側的日本文化帶來了巨變。日本文化重視言行舉止的優雅，正如在茶道、花道、歌道、香道中所見，**重視「形式」**，是種「人之外表最為重要」的文化。

十三世紀到十四世紀間，日本禪僧遠渡中國學習禪宗，而中國禪僧也渡海為日本帶來了中國文明。入宋的僧人有七十名，而入元的僧人中，光是知名者就有二百數十人，若加上無名僧，應達數百人。歷史學者村井章介將多位禪僧往來宋、元的這個世紀，稱為「**渡來僧的世紀**」。來到日本的渡來僧，包括建立鎌倉五山基礎的蘭溪道隆（一二一三～一二七八）、無學祖元（一二二六～一二八六），以及在京都興建天龍寺，建立京都五山基礎的夢窗疎石（一二七五～一三五一，譯注：夢窗疎石為日本人，師從自元渡日的法師一山一寧）等。東亞共通語言是漢字、漢文，幕府重用五山僧，將其視為外交官，負責與宋、元等的對外協調。

5 鼠疫大流行戲劇性地結束了大貿易時代

「十三世紀的世界體制」引發鼠疫大流行

十四世紀到十九世紀，全世界氣候進入寒冷期，史稱「小冰期」。低溫和日照時間不足，導致饑荒一再發生。

元朝執政下的黃河流域，在一三二〇年代到三〇年代間屢屢氾濫，饑荒擴大。這段期間，蒙古的四個汗國對立加深，部族的團結逐漸崩解。

擴大成歐亞規模的商業，讓人與物的交流的規模更大，但也埋下地方病擴散大流行的因子。這段期間，中國雲南的地方病鼠疫凶猛異常。**美國歷史學家麥克尼爾（William Hardy McNeill）在他的名著《瘟疫與人》中推測，很可能是一二五二年，蒙古大軍攻入中國南部、緬甸的時候，讓潛藏於齧齒類的跳蚤傳染開來。**鼠疫桿菌透過寄生在黑鼠身上的跳蚤為媒介，在一三三一年元末的中國流行，其威勢之猛烈，讓中國的人口幾乎減少了一半。

進而，麥克尼爾也推測，帶有鼠疫桿菌的跳蚤，也會潛藏在馬的鬃毛和雙峰駱駝的體毛中。黑鼠隨著「草原絲路」向西移動，把鼠疫桿菌載運到黑海沿岸。蒙古帝國實施的驛傳制，也就是在一定間隔設立的驛站，成了鼠疫的轉運站。

一三四五年，鼠疫在伏爾加河河口的阿斯特拉罕，在欽察汗國南部大舉肆虐。第二年，包圍黑海北岸熱那亞殖民市卡法的欽察軍隊中，爆發鼠疫大流行，許多士兵喪生。欽察軍撤兵時，**將多名飄散惡臭感染鼠疫的屍體用投石機丟進卡法城中**，卡法城因此也受到鼠疫的汙染。

後來，在卡法停泊的義大利商船等，又將鼠疫帶到土耳其、埃及、敘利亞、義大利，造成各地的瘟疫大流行。曾為歐亞東西貿易據點的敘利亞、埃及、北非都因為鼠疫的大流行，喪失了四分之一人口，遭到毀滅性的打擊，商業嚴重衰退。當時伊斯蘭世界因為鼠疫而死亡的人口，據推測高達二千萬人。

八世紀中期後，以印度洋為中心的海上商業，繁榮了約五百年，卻因為鼠疫的流行而快速崩潰。

一三四八年，鼠疫經由義大利半島擴散到全歐洲，到一四二〇年為止，三分之一的人口染疫死亡。再加上英法百年戰爭、札克雷之亂、瓦特．泰勒起義等民眾起義，大大震撼了封建社會，被稱為「**十四世紀的危機**」。

名作《歷史緒論》的作者，大歷史家伊本．赫勒敦（Ibn Khaldun）曾對鼠疫大流行造成「**世**

界大變動的十四世紀」精確分析。他生於古迦太基所在的突尼西亞（他是突尼西亞的英雄，當地有他的銅像），曾服侍過伊比利半島奈斯爾王朝的蘇丹，晚年在埃及的開羅渡過餘生。他曾就自己見聞鼠疫大流行影響世界的變遷，有如此的敘述：

> 東西文明同受可怕的瘟疫荼毒。國家荒廢、人民不見蹤影。瘟疫吞噬了文明各個面向的美好，然後消失。幾個走向衰微的王朝因而滅亡——都市、建築化為廢墟，馬路、標識無跡可尋，村子、領主宅邸空無一人，王朝、部落失去力量——東方世界似乎也遭遇同樣的災難。雖然災難反映的是更加豐饒的文明，但是，就宛如全世界的生命都高聲祈求忘卻與束縛，而世界只是回應了祈求。

鼠疫致死率高，所以極難在陸上傳播，大多是經過船隻帶到各地，是一種「貿易病」。美國歷史家珍妮特・L・阿布—盧格霍德（Janet Lippman Abu-Lughod）指出，**十三世紀，出現了歐亞大陸的內陸交通要道與印度洋的海洋交通路線緊密結合為全球化貿易，應稱為「十三世界的世界體系」**（《歐洲霸權之前：1250-1350年的世界體系》），它成為「貿易病」**鼠疫大流行的基石，「十三世紀的世界體系」隨之崩塌**。

從歷史解讀㉘

蒙古帝國的垮台、鼠疫大流行導致印度洋貿易急劇崩毀，東地中海**鄂圖曼帝國**的崛起、**威尼斯和熱那亞**等義大利城市的衰退，位於歐洲西側外緣的伊比利半島（以里斯本為中心）在大西洋的海域孕育新的經濟成長（**大航海時代**）。歷史常在意外的地方有了連結。

伊比利半島的再征服運動（收復失地運動）成功**打倒入侵的伊斯蘭統治政權**（一四九二）。義大利各城市商人開闢居留地而建立了新興國葡萄牙，首都里斯本逐漸成為歐亞邊境上開拓大西洋行動的中心。

6 陸權明朝組織的鄭和下西洋

對外貿易政治化的明帝國

國祚約一百年的元，因農民軍起義的紅巾之亂而傾覆，大明建國。但是明朝政府疏遠海洋，企圖回復傳統內陸的中華帝國。明朝的建國者朱元璋實施「**海禁政策**」，禁止民間商人海外貿易。肅清沿海和諸島，沿海要地派遣軍隊取締走私貿易，嚴禁商人出海貿易，拆除民間的大船，禁止建造。

在另一方面以明皇室為中心，採取政治朝貢貿易（勘合貿易），試圖恢復復古的國際秩序。只和承認臣屬明朝的國家進行貿易，給予貿易船大幅的經濟利益。由於這種獨善式外交，蒙古帝國時代，發展到南印度、波斯灣的中國商人大商業圈因此消滅，**戎克船貿易急速縮小**。

從歷史解讀㉙

位處邊緣地帶的明朝，從海權轉變為陸權。意圖強化帝國本身，與心臟地帶的遊牧勢力互相抗衡。在遊牧民族實力增強的十五世紀，明朝繼承古代秦漢兩朝，建造了現在還留存的萬里長城。

在十六世紀中期以前，中國都是世界最大的造船大國，具有成為海權的實力，但是卻採取自行放棄的愚蠢政策。所以第三代永樂帝六次（加上下一任皇帝的一次，共七次）派遣二萬七千名船員組成鄭和艦隊遠征印度洋，雖在世界海洋史上留名，但也只是中國主導海上政治衰退期華而不實的行動。

首先，遠征隊瞄準的是帝國在東南亞進行的辛香料、藥材的國營買賣，鎮壓窩藏在咽喉點的海盜、建設麻六甲海峽的據點、占領印度洋的據點錫蘭島等，虛耗大量的費用，以穩固地緣政治學上的據點、發揚國威等的海上遠征。

從歷史解讀㉚

鄭和下西洋並非實利性的航海，宣示的色彩較為濃厚。徹底來說，元朝的實利貿易轉變為明朝的宣示性貿易。

將中華秩序視覺化的大艦隊

一四〇五年，日本的足利義滿於京都的北山第接見明帝國的使節，接受國王金印以及一百道勘合符，進入明的冊封體制。同年，伊斯蘭教徒鄭和（入雲南採掘銀礦的伊斯蘭教徒後代。元滅亡後，為防止他們留下子嗣，令其為宦官）奉永樂帝之命，率領稱為「**寶船**」（又叫西洋寶船、西洋大船）的大型戎克船六十二艘，船員二萬七千八百餘人，展開第一次下西洋。

寶船長四十四丈（約一百五十公尺）、寬十八丈（約六十公尺），在當時來說，是無與倫比的外洋戎克船。不過只有大型船，航行上有其困難，因此推測應是加入一百艘左右的小船，組成近二百艘的船隊。但是鄭和的寶船比較像後來歐洲的帆船，與兩舷搭載大砲的軍艦不同，是在攻擊時採用船身撞擊或接舷登船的傳統型船艦。

由於鄭和艦隊具有強烈的宣示性質，所以二萬七千八百餘名船員組織複雜，能夠應付操船、外交、貿易、戰鬥等工作。

首先，正使太監、監丞、少監、內監等宦官（皇帝的僕役）為中心的使節團，可定位為軸心人物。數名鴻臚寺序班與教諭負責外交，陰陽官與陰陽生觀察天象，預測天候。另外還有醫官、火長（領航員）、舵工（操舵手）、班碇手（處理船錨）、操作船帆升降的水夫等船員，負責修理、修補的船木匠、眾多士兵、管理船貨的官吏、口譯的通事、擔任貿易實務的買辦，擔任記錄的書算手等。總之，**鄭和一行人是沿著亞洲既有的航線航行，基本上是發揚國威的外交使節團，也從事國營貿易，但幾乎完全沒有任何冒險的性質。**

鄭和為什麼載運非洲的「麒麟」？

鄭和艦隊在咽喉點麻六甲海峽的兩側，即馬來半島的麻六甲與蘇門答臘島的蘇木都剌設置前進基地。因為需要海洋國家的支援。第一次到第三次下西洋，鄭和以非常短的間隔連續來回航行印度西岸。第一次(一四〇五~一四〇七)、第二次(一四〇七~一四〇九)、第三次(一四〇九~一四一一),馬不停蹄地出發。航海的目的地是以胡椒產地聞名的印度西岸**科澤科德(Calicut)**。

元代之後,科澤科德就是印度洋貿易的中心港。如同元末汪大淵在《島夷誌略》(一三五〇)形容為「巨海的要衝」,它是印度洋貿易圈的中心港。後來瓦斯科.達伽馬繞過好望角,在穆斯林領航員伊本.馬吉德帶領下造訪的港口,也是科澤科德。

鄭和第一次下西洋時,在科澤科德立了紀念石碑,他的艦隊在科澤科德買到的有胡椒、阿拉伯產乳香、珊瑚、珍珠(以珍珠為原料的中藥材)等。

第四次(一四一三~一四一五)成了轉折點。目的地延長到波斯灣口的荷姆茲。是為了什麼目的呢?因為永樂帝是靠兵變奪得帝位,因而希望向國內宣傳,他是世界外緣民眾景仰的偉大皇帝。換句話說,就是去邊境招募朝貢使節。

第四次下西洋,加入了阿拉伯語、波斯語口譯的穆斯林馬歡、西安穆斯林寺的哈山等人。航線延長了二十五日。由於荷姆茲每年會載送大量的軍馬到科澤科德,延長航線難度並不高。

這次目的,是獲取以抹香鯨分泌物為原料製作的珍貴香料——龍涎香,所以也派遣小隊到印度洋上的馬爾地夫群島,作為前往非洲的中繼站。

位於印度南端西南，南北連綿的馬爾地夫群島由十九個環礁群，與約二千個珊瑚礁組成，名字源自於馬拉雅拉姆語的「馬拉」（「稍高」的意思）與「吉巴」（「群島」的意思）的合成語。船隻一靠近群島，淡藍色的珊瑚礁突然映入眼簾，令人驚嘆不已。馬爾地夫群島是商人前往東非的據點。

現在穆斯林居住在二百一十五個島上，首都馬律據說是世界人口密度最高的城市。為了解決人口過剩的問題，甚至建立了連接陸地的人工島，讓部分居民遷移。十五世紀後半，葡萄牙人占據馬律，作為連結非洲與印度的戰略要地。

第五次下西洋（一四一七～一四一九），特遣隊的航線從馬爾地夫群島跨海到東非的沿岸一帶，將黑人使節與長頸鹿、鴕鳥、獅子、斑馬等珍奇異獸帶回明朝。他們尤其珍視的是非洲當地語稱為「吉羚」的長頸鹿。長脖子的動物並非少見，為什麼會特別重視牠呢？

因為，他們將長頸鹿比擬為傳說動物**麒麟**了。各位應該很熟悉「麒麟啤酒」商標上的虛構生物吧。中國人認為麒麟是一種身體像鹿、臉部像龍、腳蹄像馬、尾巴像牛，可活千年的動物。性格穩健溫和，平常生活在荒野上，只有皇帝行德政時才會露面出現。

所以各位懂了吧。絕對君主永樂皇帝看到長頸鹿，必定會龍心大悅。帶回明朝的長頸鹿，又從南京運到北京，供民眾欣賞。

第六次（一四二一～一四二二）下西洋的主目的，是載送上次遠征來到中國、包含荷姆茲在內的十六國使節。但這次缺乏紀錄，是一段疑點重重的航行。而明遷都北京的主要宮殿遭到雷擊焚毀，這段不祥的事件令人懷疑永樂皇帝與天帝（天神）的關係，因此才再度出航。一四二四年，永樂帝未從雷擊驚嚇中復元，溘然長逝。

皇帝不好當，永樂皇帝為宣示蒙古高原為明朝領土，雖然避免與蒙古軍作戰，但是明朝卻遠征蒙古高原五次。因為若不揮軍遠征，遊牧民族就不承認蒙古為明朝的領土。永樂皇帝形式上的蒙古遠征，歸途就在蒙古高原的陣中，結束了六十四歲的生命。

永樂帝駕崩後，官員們紛紛奏請停止下西洋這項消耗國庫、宣揚國威的行動。再加上北京建造新宮殿與遷都的關係，財政困窘，因此就此中止。事實上，官吏本來就強烈反對宦官領導的這項行動。

從歷史解讀㉛

鄭和的航海，是中國撤出「海洋世界」最後一次關鍵性決定。宋朝以來長期的海權時代從此落幕。滿洲人、蒙古人共同統治的清朝，更進一步將比重移向陸地心臟地帶。中國的中心一再往北方移動，完全失去了宋朝時掌控邊緣地帶所擁有的海權性質。

第五章

從北方往外膨脹的維京世界

從寒冷海洋擴張的網絡

1 靠貿易尋求食物的商民

遷居成為解決人口過剩的方案

麥金德將歐洲稱為「世界島的半島」，從心臟地帶來看，它的確位處「邊境」。而九、十世紀，在「半島」之北的更遠「**邊境**」，掀起了新一波的動盪。

高緯度地帶的波羅的海、北海合稱為「**北方的地中海**」，但是相比之下，規模小了一輪，兩片海域加起來，只有地中海面積的六成不到。

這個地區最難忍受的是「嚴酷的寒冷」，居民得遭受周期性的饑餓。這樣殘酷的環境，培育出靠海為生的「商民」。他們就是人稱**「北方腓尼基人」的維京人**。西風帶呼嘯的海域，孕育出強大的海權。

這些維京人的後裔就是荷蘭人、英國人。十九世紀「歐洲世紀」的根源，並不是葡萄牙、西班牙所在的伊比利半島，而是嚴寒的北海。

北方的海洋民族，住在冰河侵蝕的「峽灣」（fjord），所以別人稱他們「維京人」（viking），意思是「從峽灣來的人」。

提到維京人，大家馬上會聯想到「海盜」，但他們基本上都是農民，農閒時利用海或河流從事商業。人口一旦過剩，就不得不搬遷、殖民。有時也會出外打劫，不過並不是專業的強盜。

維京人海盜行為的紀錄始於八世紀，編年史作家達勒姆的賽蒙留下一份手稿，記錄七九三年維京人襲擊英格蘭東北沿海的林迪斯法恩修道院，其中記述了他對維京人的恐懼：「踩碎聖具，推倒聖壇，殺害修道士，把居民帶走當奴隸。」

從歷史解讀㉜

地中海的海洋民族因「乾燥」導致食物不足而出海。維京人是因為「寒冷」而糧食不足，才必須積極出海航行。

在浸水禮上使用紅酒的原因

波羅的海周邊林相豐富，有用於船材的櫟樹，與帆柱用的斯堪地納維亞松。也生產麻、亞麻作為帆布和繩具的材料。維京人得益於這麼豐富的自然環境，所以能成為造船的專家。海上巨浪打壞了船，頻繁地修理與新造船隻也提升了造船技術。利用豐富的木材，建造出長二十至三十公尺，寬六公尺，重二十噸左右、吃水線淺的精美長船。

維京人性格捉摸不定，有時候為了平撫帶來死亡或災難的主神奧丁，或是尋求航海安全，會在船進水時，將奴隸或囚犯當成犧牲品活祭。船隻下水或命名典禮使用的紅酒（現在多以香檳代替），據說就是用來代替犧牲者的血。

「星板」和「港」

維京船會將船舵設在船尾的右舷，原因不明。凱爾特人的思想中，認為「右邊」吉利，「左邊」不吉利，因此學者推測維京人是不是也吸收了這個觀念。而櫂划水的部分較長，在比船底更深的位置划水，因此船隻可以取得較強的推進力。

像現在船的「右舷」英語中稱為**「星板」（starboard）**，「左舷」稱為「**port**」（「港」的意思），這是因為以前船靠岸時，為了不傷到船舵，所以讓「左舷」靠岸的關係。

Starbord的名字源自於設船舵的舷（steerborad，「操縱船的舷」），負責操作船舵的船長，當然必須站在船舵所在的「右舷」，而且船長室也設在星板。郵輪將貴賓席設在「右舷」，也是這個原因。

在北方怒海的鍛練下，維京人的操船技術非凡出眾，不用海圖，僅僅九天時間就能從挪威航行到冰島。他們靠著星象航海，若在夜間迷失方向的話，會放出養在船中的鷹或烏鴉，從他們飛行的方向確定陸地所在位置。

北歐的「心臟」——北海

北海和其周邊是維京人主要的活動區域，沒有強大統御力的西法蘭克王國（現在的法國）與英格蘭常因為維京人的侵略而頭痛。

此外，多條河川注入北海，波羅的海的船也會通過北海，因此交易與遷移十分興盛。八四五年，一百二十艘維京船沿著蜿蜒的塞納河溯游而上攻入巴黎，查理二世畏懼維京蠻橫，便贈予禮物使其撤退。但是，維京人食髓知味，在八八六年前的四十年內，四次攻打巴黎要求禮物。

西法蘭克國王查理三世不堪其擾，於是割讓諾曼第地區給挪威裔維京人首領羅洛，作為他的居住地區，並且封為諾曼第公國。而國王也以要求羅洛約束其他維京人的侵略作為交換條件。這就是現在法國北部大酪農地帶諾曼第地區的起源。

從歷史解讀㉝

北海海域狹窄，但是經濟金融城市聚集，除了現在號稱處理貨物量最大、成為**歐盟玄關**的鹿特丹港外，還有倫敦、漢堡、阿姆斯特丹、安特衛普、布魯賽爾等。倫敦與阿姆斯特丹的距離，相當於日本的神戶到東京。荷蘭（大略是日本九州大小）、英國（面積約日本的三分之二）都是小國，但是，北海的狹小，反而讓沿海各國合為一體，形成一股強大的勢力。

諾曼征服與倫敦塔

英國為英格蘭、蘇格蘭、威爾斯、北愛爾蘭組成的聯合王國，除了英格蘭之外，其他三地都是凱爾特人的國度。

只有英格蘭是屬於維京族裔，但是最早到此定居的是盎格魯人（英格蘭即是「盎格魯人的土地」的諧音）與撒克遜人，是從對岸的日德蘭半島（丹麥和周邊）渡海遷移過來的。

一〇六六年，法國的諾曼第公爵威廉，宣稱他有王位繼承權，率領七百艘軍船為首的三千隻船，進攻英格蘭，建立了諾曼王朝，是為威廉一世（**諾曼征服**）。

倫敦著名的觀光景點倫敦塔，建於一一〇〇年左右，當時是國王的城堡、要塞，也是統治島民的據點。因為這個原因，在英國與法國百年戰爭、分道揚鑣之前，英國的官方語言是法語。例如，英語的 **beef**（牛肉）、**mutton**（羊肉）、**pork**（豬肉）等都源自於法語。在英語中，活的牛叫做 **ox**，法語卻是 **bovin**，所以，很明顯，**beef** 出自法語。

法國諾曼第地方的維京人後裔，後來受地中海伊斯蘭教徒雇用為傭兵，九九九年，他們占領了西西里島。後來領土擴展到南義大利，一一三〇年建立了西西里王國。

2 海權漢薩同盟的興起

呂北克成為德國商人的「據點」

蒙古帝國在歐亞大陸稱霸的時代，「歐洲半島」周邊地中海、北海、波羅的海的海洋民族，貿易活動也變得活絡。欽察汗國在俄羅斯建立後，皮毛貿易變得興盛，影響波及波羅的海與北海。

波羅的海南岸，由於精神上受到地中海十字軍的影響，組織了北方十字軍，攻打異教徒維京人居住的波羅的海。尤其德國人遷移到南岸（東方殖民），從十二世紀起，這裡開始成長為商業城市。

一一五八年到第二年，從流入波羅的海的特拉維河口往上游二十公里，與瓦克尼茨河匯流的河中島建立了呂北克（現在屬於德國）這個城市，成立德國商人的組織。到了十二世紀以後，呂北克醃漬的鯡魚出口到歐洲各地，成長為波羅的海的商業城市中心。

但是，波羅的海的出口**松德海峽**不易通過，商品必須先經陸路送到臨北海的漢堡，再從那裡運送到外洋的北海。

基於這種關係，呂北克與漢堡關係密切，便以兩城市為中心結盟為**漢薩同盟**。不過，十五世紀末，松德海峽開闢了安全的航道，繁榮因而轉移到了荷蘭。

漢薩有「夥伴」的意思，鼎盛時期，它在毛皮的集散地——俄羅斯的大諾夫哥羅德、鯡魚的集散地——挪威的卑爾根、羊毛的集散地——倫敦，都設有同盟的商館，享有自治權。

漢薩商人壟斷波羅的海的鯡魚，按同盟的規定，十一月十一日以後禁止一般商船航行，只允許運送聖誕節用的鯡魚、鱈魚乾。此外漢薩商人也從事鯡魚、東歐穀物、法蘭德爾地區毛織品的仲介貿易，壟斷在大諾夫哥羅德對俄羅斯的貿易。

他們也經營伊斯蘭世界、中國等經由裡海、窩瓦河運輸的物產。蒙古帝國的歐亞商圈，不僅活化了地中海貿易，也透過俄羅斯，活化了波羅的海、北海的交易。

漢薩同盟也規定禁止外國船運輸商品，同盟船禁止雇用外籍船員，藉此保護彼此的利益。

漢薩同盟VS.維京人

漢薩同盟的商人用於輸送商品的是吃水線深、備有大船倉的**柯克船**。柯克船的特色，在於一支船桅和大形四角帆，船尾有小船樓、船舵在船尾中央。維京船與可以大量運輸商品的柯克船競爭後，敗下陣來。柯克船也出入地中海，銷路擴大到威尼斯和熱那亞。

十三世紀到十四世紀間，漢薩同盟與維京人在波羅的海上短兵相接，維京人以波羅的海最大島哥特蘭島為據點，組成名為「與神為友世界公敵」海盜團維特兄弟（輸送糧食者），努力調配食物，試圖守護舊日的維京世界。

海盜團一面與漢薩同盟都市戰鬥，一面擴張勢力。一三九八年，丹麥女王瑪格麗特雇用條頓騎士團長康拉德・馮・容金根（Konrad von Jungingen）將海盜團趕到哥德蘭島。因此，**奠定了漢薩同盟對波羅的海的掌控**。維京人活躍的時代就此結束。但是，大航海時代後，漢薩同盟衰弱，一六六九年變得有名無實。

3 瑞典裔維京人的俄羅斯建國

在河流的大網絡上形成的俄羅斯

居住在波羅的海最深處的瑞典人，在維京人中也是最富裕的一族。這是因為他們利用俄羅斯的多條河川（雪融水豐沛，與波羅的海、黑海、裡海相連），與西亞、地中海從事貿易。

古代，瑞典裔的維京人就將在波羅的海打撈到的琥珀（琥珀松的化石），送往西亞各王朝、希臘、羅馬。**到了伊斯蘭時代，更經營大規模的毛皮（黑貂、狐狸）貿易。**

各條河川是俄羅斯行政、交易、文化的網絡中心，也具有連繫北部森林地帶與南部草原地帶的功能。俄羅斯的主要都市基輔、大諾夫哥羅德、莫斯科、伏爾加格勒、阿斯特拉罕等全都位在大河的流域上。**俄羅斯是個成立於網絡狀「河路」的獨特國度。**

俄羅斯歷史學家瓦西里．克柳切夫斯基在《俄羅斯史教程》中，提到連繫河川的網絡成為俄羅斯社會基礎時說道：「俄羅斯的河流，教會了沿岸居民社會生活與交際。在古代羅斯，遷移都是沿著河川進行，居住地尤其密集集中在船隻通行、流速和緩的河流岸邊。河間帶只剩下荒無人煙的森林或沼澤地區。」

從歷史解讀 34

瑞典人在俄羅斯做買賣使用的船，並不是帆船，而是多人操槳的小型河船。他們利用俄羅斯多條河流，將根據地波羅的海，與中亞的裡海、黑海連結。

俄羅斯積雪豐厚，**莫斯科**（城市名源自於「沼澤之河」）西北的瓦爾代丘陵，標高三百四十公尺，是為中央分水嶺，雪融的大河往南部的黑海、裡海，北部的波羅的海緩緩流下，支流則向東西擴展，靠著「河路」穿行全境。沒有河流直接連結的地方，則開闢成連水陸路，扛著船隻前進。

瑞典人是毛皮貿易的高手

自古以來，人們便開闢出利用俄羅斯各河流的交易網，前面所述的琥珀即可證明。琥珀具有易帶靜電的性質，所以自古至今，一直被視為神祕的寶石，受世人尊崇。據說全世界最大的產地就在波羅的海沿岸。當暴風雨來襲時，會將沉積在波羅的海海底的琥珀松樹脂化石捲上岸邊，當地人將它作為商品販售。

「琥珀之路」因通往羅馬帝國中樞的道路而聞名，據推測，建國於安納托利亞的西台國，其琥珀太陽神是從波羅的海旁的立陶宛挖掘出來的，所以俄羅斯的「河路」也被運用為輸送琥珀。

俄羅斯的「河路」交易快速活絡的原因，是因為俄羅斯森林帶的野獸毛皮，成為伊斯蘭地區爭相採購的奢侈品。但是，沙漠的穆斯林商人對蒼鬱茂密的森林心懷恐懼，並不想直接來俄羅斯交易。

因此，**瑞典裔的維京人**有了大顯身手的地方。維京人以維京船穿梭在森林之間，向獵戶收購黑貂、松鼠、狐狸等的毛皮。

居住在波羅的海深處的瑞典人，以波羅的海的哥德蘭島為據點，將毛皮、琥珀、蜂蜜運到窩瓦河口，換取伊斯蘭人的銀幣和東方物產。毛皮透過穆斯林商人縱貫裡海，運到巴格達。

從維京墓地出土的二十萬枚絲路銀幣

從俄羅斯到波羅的海周邊各地的維京墓地中，出土了維京人從毛皮交易獲得的約二十萬枚大量的銀幣。其中半數出自哥德蘭島。瑞典歷史家B·阿爾穆克連（Bertil Almgren）在《圖說維京的歷史》（*Nordica mediaevalis*）中記述：

當然出土的銀幣並非經由交易運到島上的銀幣總量，也很難推測總量有多少。但是，假設交易得到的千枚銀幣中只有一枚出土的話——這應該是相當樂觀的估計了——哥德蘭島人交易巔峰期的一世紀半之間，應該得到了一億枚以上的銀幣，至少達到一年得到一百萬枚銀幣的程度。

另一個有趣的地方是，從伊斯蘭國度帶回來的銀幣，大多是掌控絲路中心地「西突厥斯坦」的薩珊王朝銀幣。從這裡可以知道，眾多絲路商人都加入了毛皮交易。

九世紀中期，阿拔斯帝國的官吏伊本·胡爾達茲比赫的著作《道里邦國志》在下面的記述中，說明了交易利用俄羅斯「河路」而昌盛，以及連結波羅的海與黑海、裡海的網絡是如何繁盛的狀況：

羅斯人從最遙遠的斯拉夫人所在，橫渡羅馬人的海（黑海）來到君士坦丁堡。然後在此地販賣他們的商品——海狸皮和刀劍。或者，他們上溯斯拉夫人的河，也就是頓河（窩瓦河的筆誤吧），前往可薩人的首都（伊的爾）。他們從此地搭乘小船，從戈爾甘航行到巴格達。在巴格達，斯拉夫人宦官會為他們口譯。

九世紀、十世紀，北歐洲的維京世界可說是領導了歐洲的貨幣經濟。

俄羅斯的語源是「河舟的划槳手」

到了十世紀，中亞草原地帶上，突厥支派遊牧民族佩切涅格人的勢力擴張，阻斷了草原伊斯蘭國度與森林地帶俄羅斯國度的關係。穆斯林商人與俄羅斯的連結衰退，**靠著毛皮生意出入**

俄羅斯的維京人（羅斯）獨立，於現今烏克蘭的基輔定都，建立基輔公國。基輔公國就是俄羅斯最早的國家。

依據《往年紀事》記載九四五年，伊戈爾大公爵與拜占庭帝國的條約前文，造訪拜占庭帝國的所有使節約二十五名，以及商人約二十六名中的二十四、二十五人，名字都是斯堪地那維亞裔，只有少數一、二人是斯拉夫裔。這個事實顯示，基輔公國是由維京人主導的體制。俄羅斯稱為「Russkaya Zemlya」（羅斯之國）。附帶一提，羅斯的意思是「船的操槳手」，指的是瑞典來的維京人。

從歷史解讀 35

後來蘇聯的領導頭子史達林動員蘇聯的歷史學者，否定俄羅斯是由瑞典裔維京人建立的學說。而提倡亞利安（日爾曼）人優越性的希特勒，則濫用維京人的成功，主張征服俄羅斯的正當性。

4 俄羅斯人來到北美洲獵捕海獺

彼得大帝建立海權俄羅斯失敗

俄羅斯從欽察汗國將近二百年的統治下獨立建國，**成為蒙古帝國的後繼國家**。光復俄羅斯的伊凡三世，一四七三年與滅亡的拜占庭最後一個皇帝的姪女結婚，繼承了「沙皇（皇帝）」的頭銜。

毛皮貿易是俄羅斯最大的產業，為了打破交易停滯的局面，俄羅斯派突厥族遊牧民族哥薩克人**向廣闊的西伯利亞發展**。十七世紀後半，俄羅斯靠著連結巨大的河流，不到一百年，就征服全西伯利亞，領土擴大到鄂霍次克海，成長為支配歐亞大陸心臟地帶最大的陸權。

之後的**彼得一世則仿傚突飛猛進的荷蘭、英國，有意朝海洋發展**。彼得一世在一六八二年即位，向德國籍的家庭教師與外籍居留地的外國人學習西歐的技術、軍事、海事。他曾混入俄羅斯派遣的歐洲視察團，訪問英國、荷蘭，目標是在陸權的俄羅斯實行變革。

為了轉變為海權國家，彼得一世認為，首先需要掌握連結大西洋的波羅的海霸權，其次是創設海軍，發起北方戰爭（一七〇〇～一七二一），攻打瑞典。

彼得在涅瓦河在波羅的海的出海口**聖彼得堡（「彼得之城」的意思）**建設新首都，並且開闢為軍港，積極創設海軍。但是只有河船的**俄羅斯，無法建立足以承受外洋航海的艦隊**，更不可能航海繞過好望角，前往亞洲。因此，他把希望寄託在從西伯利亞探索亞洲的海域。

白令的探險

一七二五年，彼得一世在過世的三個星期前，命令在俄羅斯海軍服役二十年的丹麥人白令，組織調查東方海域的探險隊，確認西伯利亞與北美洲的陸地是否相連。

白令率領五十名隊員，花了一年的時間穿越西伯利亞，一七二七年到達堪察加半島。在該地建造了兩艘探險船出海探險。但是只確認西伯利亞的海岸線在北緯六十七度十八分以南，與美洲大陸並未相連。

一七三三年，由白令領隊，再次組織六百餘人的大探險隊，**發現了西伯利亞的盡頭，而在海峽（白令海峽）的另一岸則有陸地（美洲）**，首次揭露出美洲大陸與西伯利亞的地理關係，和白令海、鄂霍次克海的狀態。

海獺讓俄羅斯打進北太平洋

重要的是，在第二次探險中，**他們發現白令海棲息著大量海獺，具有高度價值**。海獺的毛皮是世界最高級的毛皮，在清朝價格高昂，有「**軟黃金**」的稱呼。讓俄羅斯愈看愈覺得絕不能錯失這片「寶藏海」。

於是西伯利亞的毛皮商人，爭先恐後奔走於白令海、鄂霍次克海、北太平洋，一七四〇年代以後，獵捕海獺蔚為風潮，宰殺了數十萬頭海獺。為了追尋海獺，俄羅斯人紛紛侵入阿留申群島、千島群島、阿拉斯加、加州。但是，他們捕殺海獺的速度還是不及划著獸皮艇（在木製框架中鋪了毛皮的小船）縱橫海面航海的海上獵人阿留申人（阿留申群島的獵戶）。

這裡說明一下海獺的資料。海獺並不是海狗、海豹、海獅等鰭腳類動物，而是食肉目鼬科動物，可以將其視為海生的鼬、水獺的近親。牠們並沒有皮下脂肪層，為了在嚴寒的海上維持三十七度左右的體溫，海獺全身體毛細密，毛皮可保存空氣，隔絕熱源，抵禦寒冷。一頭海獺的毛皮由八到十億根體毛組成，底層細毛的密度每一平方公分可達十到十四萬根。品質這麼高的毛皮，出售的對象是清朝富有的官吏。

當時的世界中，清帝國是超級大國，統治層的滿洲貴族極盡奢華之能事。海獺毛皮貿易形成風潮後，推測十七世紀原本數量有數十萬頭的北太平洋海獺因此快速減少。

捕不到海獺之後，原本海獺獵場的阿拉斯加也遭到棄置，在南北戰爭後廉價賣給美國。而不再需要的千島群島，也在《庫頁島千島交換條約》（一八七五）簽訂後，讓給了日本，以換取俄羅斯人在庫頁島的居住權。

從歷史解讀 36

俄羅斯在《庫頁島千島交換條約》中讓給日本的千島群島（庫里爾群島），在國際上屬於日本的領土。但是，俄國以武力掠奪許多領土，例如從清朝奪得的濱海邊疆州，所以從俄羅斯帝國侵略占領的領土來看，國後島、擇捉島恐怕很難歸還給日本。

因此，俄羅斯在雅爾達會導上，依據與美國總統羅斯福的密約，主張擁有主權合法性。必須談判。不過，關於齒舞群島與色丹島，如俄羅斯學者所述，是當地軍隊為求功名不法占據的島，當然應該無條件立即歸還給日本。

5 維京人移居新大陸

維京人的日常生活圈——北大西洋

活躍於北海的維京人，以波羅的海海域與斯堪地那維亞半島為中心，拓展了以下三條航線：

一、往東前往波羅的海的東航線。

二、往西前往北海的西航線。

三、從斯堪地那維亞往北到格陵蘭的北航道。

十世紀，挪威維京人將航線拓展到冰島、格陵蘭到美洲大陸北部。他們並未特別在意大西洋，只是把它當作生活之海，隨意橫渡，航行到美洲大陸。若是經由冰島、格陵蘭的話，北歐到美洲大陸非常近。

現在由於地球暖化，北極海冰融化，夏季期間商船可以通行，只要經由印度洋三分之一的航程，就能將亞洲與歐洲連結起來（**北極海航線**）。而根據推測，二〇四〇年以後，此航線全年都能航行。**屬於丹麥的格陵蘭，由於位處北極海通往歐洲的出口，在地緣政治學上位置極為重要**。因此，中國支持格陵蘭原住民的獨立運動，美國前總統川普則提議向丹麥買下格陵蘭，但都被拒絕。

九八二年，犯下殺人罪而被冰島流放到格陵蘭的「**紅鬍子艾瑞克**」，在島上四處勘察，九八五年，在島的西南部開拓了兩個殖民地。**橫亙於大西洋與北極海之間的格陵蘭，是世界最大的島，但是全境百分之八十五都被冰河覆蓋。**

這種惡劣的地理條件很難號召有意殖民的人，因此艾瑞克稱這個島為「綠色土地」（greenland），招募有意殖民者。但是被宣傳吸引的人們，移居到島上時，才驚愕地發現這是個冰天雪地的島。

不過，既然已經來了也沒辦法。維京殖民者一直居住在格陵蘭，直到大航海時代開始時已全數死亡。格陵蘭後來成為丹麥的殖民地，現在則被納入其領土的一部分。

艾瑞克的兒子萊夫與隨從托爾格爾從格陵蘭出發，前往南方探險，到達北美洲乞沙比克灣（現在華盛頓特區東方的海灣）附近，他將這塊土地命名為**「文蘭」（葡萄之地）**。

由此可知，**最早從歐洲橫越大西洋來到美洲大陸的人，並不是哥倫布，而是以北大西洋為生活圈的維京人。**

第六章

大航海時代與大西洋

往東繞行的葡萄牙與往西直行的西班牙

1 進入大洋連結的時代

地中海經濟的衰退與大西洋經濟的興起

一二〇二年，成吉思汗統一蒙古高原的兩年前，**第四次十字軍**的士兵，搭乘著威尼斯軍船，不打算奪回聖地耶路撒冷，而是駛向兄弟內鬥、爭奪帝位的君士坦丁堡。

提供船隻給十字軍的威尼斯商人，把這趟航程視為奪取君士坦丁堡商業權的絕佳機會。十字軍趕走皇帝，建立**拉丁帝國**。居住在君士坦丁堡的威尼斯市政官，成為拉丁帝國幕後的統治者。

拜占庭帝國的皇帝狄奧多爾一世亡命出逃，在安納托利亞西部城市尼西亞建立亡命政權，接受熱那亞的支援，與拉丁帝國對抗。不久後，復興了拜占庭帝國。在這段紛爭中，熱那亞和威尼斯擴大了在君士坦丁堡的勢力，加強了與亞洲商業圈的連結。

拜占庭帝國為了確保黑海生產的穀物可以供應給首都君士坦丁堡，因此很長一段時間，限制他國商船進入黑海海域自由貿易。但是，**威尼斯**取得了黑海的自由航行權，在克里米亞半島的索爾達亞（Sougdaia，蘇達克）建立「據點」，在地中海以克里特島為中心，擴大貿易網，操控印度洋、紅海運來的辛香料貿易。

熱那亞成為與威尼斯對抗的新興勢力，從統治南俄羅斯的蒙古大汗手中，取得在克里米亞半島的**卡法**（目前費奧多西亞近郊）開設商館的權利，也在亞速海後方頓河河口的**塔納**建立殖民市。著名的馬可波羅是威尼斯商人，但是卡法和塔納有許多「無名的馬可波羅」，在西亞、印度、中國之間從事大規模的貿易。

拜占庭帝國曾經對商品課徵八分之一的商業稅，但是在義大利商人掌控的地區，熱那亞、威尼斯商人的商品免稅。當時，歐洲發起的「農業革命」，讓領主過著豐衣足食的生活，從辛香料等亞洲的商品中得到龐大的利益。這就成為義大利文藝復興的財源。

但是，**蒙古帝國垮台導致了歐亞大陸巨變，土耳其人趁勢在小亞細亞（安納托利亞）建立鄂圖曼帝國。**鄂圖曼帝國是個維持了六百年的多種族國家。身為統治者的土耳其人人口少，所以在鄂圖曼帝國，只要信奉伊斯蘭，會說土耳其語，就被認可為「鄂圖曼人」。

鄂圖曼帝國成立於橫跨地中海沿岸與西亞的邊緣地帶，因而成為兼有陸權海權的國家。一四五三年，挾其餘威征服拜占庭帝國的國際港君士坦丁堡，自稱為羅馬帝國後繼者。鄂圖曼帝國是商業帝國，靈活地擴大商業圈，因此威尼斯、熱那亞不得不大幅退出地中海貿易。

因此，義大利城市轉而投向開發大西洋的市場。熱那亞商人在葡萄牙的貿易港**里斯本設立居留地**，以它為據點與法蘭德斯地區交易，並且積極在大西洋上的島嶼上生產砂糖，開發航線。哥倫布也是在里斯本生活的熱那亞人，葡萄牙對非洲西岸的探險航行也與里斯本淵源極深，甚至說**「大航海時代」的濫觴始於里斯本也不為過**。

從歷史解讀㊲

鄂圖曼帝國國勢壯大後，以黑海克里米亞半島的殖民市為據點，使得經陸路與歐亞各地交易的熱那亞經濟一落千丈。而威尼斯在一五三八年，與西班牙、羅馬教宗聯手，在普雷韋扎與鄂圖曼帝國海軍作戰敗北，因而也縮小了在地中海的貿易。

發現大西洋的「風」

占有地表七成的海洋，因為潮流、風向、岩礁、海盜等種種障礙，而被人們視為陸地的阻礙物。但其實與遠方陸地相連結，海洋就可以成為運送大量物資的大空間。但是，在大航海時代以前開發的海洋，只限地中海等陸緣海和歐亞大陸沿岸海域。而利用季風的規律性航行外洋的印度洋則屬於例外。

到了大航海時代，歐洲各國一舉開拓外洋航線，以大西洋為中心連起了印度洋與太平洋。為什麼會發生這種轉變呢？

美國歷史學家菲力普．科廷（Philip D. Curtin）在著作《世界歷史上的跨文化貿易》中指出，帶動起大航海時代的不是船隻設計上的革命，而是人們系統性地發現世界的風。也就是說，大航海時代的造船技術或操船技術，跟過去相比，幾乎沒有什麼變化。

對帆船而言，掌握風向和季節性變化十分重要，必須懂得不同緯度各海域的「風」。大航海時代的船員航海時，會頻繁地觀測緯度、注意風向。船員對海風規律性的辨識能力急速升高。

簡單的說，**由於發現海風的規律性，過去平凡無奇的歐洲，抓到了翻轉歷史的機會。**

從歷史解讀㊳

麥金德將歐洲視為歐亞大陸的「半島」，緯度高、氣候寒冷的歐洲，人口少，資源也不豐富，從客觀來看，長期以來都是歐亞大陸的「邊境」。但駕駛帆船航行外洋的發達，為歐洲帶來了翻轉機會。

外來的羅盤，讓遠洋航海成為可能

在地圖上標記義大利各城市航線的海圖，從離既有陸地不遠的沿岸航行改變成**外洋航海**。而中國傳來「正確掌握船隻位置的工具」的羅盤（**指南針**），則改變了航行方法。

十三世紀，義大利南部港口阿瑪菲的喬伊亞（Flavio Gioia）發明了裝載磁針的盒子，將羅盤發展到實用化。阿馬菲建立在以拿坡里民謠〈歸來吧蘇連多〉而聞名的蘇連多半島高崖上。它曾經是擁有強力海軍的共和國，與威尼斯、熱那亞、比薩等爭奪霸權。直到十六世紀前，海運法則「阿瑪菲海法」一直是地中海全域的基準。阿瑪菲海港入口的小廣場上，建有喬伊亞的銅像。

義大利城市的船員們使用阿瑪菲加工過的羅盤航行，因此記載港口位置和狀況的海圖「portolano」因而發達。就像游泳初學者只敢戰戰兢兢游在游泳池邊緣，過去的船隻，都是依賴陸地的標的物航海，才得以正確掌握前進方向，能像在河川上航行在大海上，是個劃時代的進步。如果沒有這個重大變化，根本不可能出現大航海時代。

2 大西洋的開發始於非洲西岸

想要朝摩洛哥發展的恩里克王子

帶領歐洲進軍海洋的先驅，是小國葡萄牙。但是它並不是有著壯闊藍圖的探險事業，而是源自於想征服伊斯蘭教徒手中的穀倉地帶——摩洛哥，結果卻吃了敗仗。

人口一百多萬的葡萄牙，內陸多為荒地，國土只有百分之七至八的面積用於農業，因此必須擴大農業地區的領土。但是陸地包圍葡萄牙的卡斯提亞王國是個強大的軍事國家，別說是侵略了，葡萄牙只能勉強藉由政治聯姻維持現狀。

因此，一四一五年，葡萄牙國王指派恩里克王子率領二百艘艦隊，包含陸軍、水兵共五萬人，攻打直布羅陀海峽對岸的摩洛哥休達。但是很快又被迫撤守，**在休達建立「據點」**成了葡萄牙王室的宿願。而恩里格王子航海事業的目的，就是征服摩洛哥。

從歷史解讀㊴

休達的重要性不只因為地理位置挾制直布羅陀海峽，更是縱貫撒哈拉沙漠進行黃金貿易的轉運都市。葡萄牙付出龐大的代價，但多次進攻仍然拿不下休達。

一五七八年，年輕的國王塞巴斯蒂安投下國家歲收的一半，親率約二萬兵馬入侵摩洛哥，依然慘敗。包括國王，大半貴族都死在戰場。無人繼承王位的葡萄牙，在一五八〇年被西班牙兼併。而休達也於一六六八年正式成為西班牙屬地。現在屬於**歐盟**，但是卻成為大量移民、難民非法進入歐盟的入口。

傾全國之力攻打休達受挫之後，**國王約翰一世的第三子恩里克王子組織了非洲西岸的探險隊，希望與當時他認為存在於非洲內陸的祭司王約翰國（Presbyter Johannes，傳說中強大的基督教國家）結為同盟，征服摩洛哥**，同時，也有意經由海路，在西蘇丹的尼日河流域加入穆斯林商人的黃金交易。

一四一五年，在非洲西岸的加那利群島探險之後，葡萄牙便持續地發展航海事業，他們仿傚伊斯蘭製造逆風也能前進的探險用單桅帆船，開發出拉丁帆（大三角帆）的五十至二百噸級的卡拉維爾帆船。

當時，人們認為加那利群島南方二百四十公里位置的博哈多爾角是世界大海的盡頭，再過去海水就會沸騰。而王子的忠臣吉爾・埃阿尼什（Gil Eanes）證實了這種說法只是迷信。埃阿尼午雖然恐懼世人的傳聞：「航行穿越博哈多爾角者無人生還」，一度逃回加那利群島，但是在恩里克以斷絕主從關係要脅下，最後抱著豁出去的決心穿越了博哈多爾角（一四三四）。

此舉大大推進了葡萄牙的探險事業，在恩里克王子一四六〇年過世之前，航行已通過撒哈拉沙漠的近海，抵達西蘇丹。利用黃金貿易、黑奴貿易，為王室賺取了龐大的利益。但是，**在這個階段，葡萄牙仍然是陸權國家，占領摩洛哥依然是最大的政治議題。**

從歷史解讀 ㊵

非洲內陸的統治者自認為是「陸地的統治者」，而把葡萄牙視為「海上霸主」，因而容許葡萄牙人的侵入。葡萄牙人則向位於優勢的陸地統治者表示恭順，得以與之貿易。此外，非洲當地人對本土疾病免疫，但歐洲人卻沒有免疫，形成與拉丁美洲相反的狀況。因此，在瓜分非洲（一八八〇年代～一八九〇年代）之前，歐洲人只能在非洲沿岸百分之十左右的地區活動。

讓大西洋銜接印度洋的好望角

航海事業到了葡萄牙的「完美君主」約翰二世治世，以納稅為前提讓大商賈繼續進行，他們**也接下尋找祭司王約翰國，以及與他結盟的政治任務**。

依據祭司王約翰國在剛果叢林中的情報，國王急速派出兩隻探險船。一四八八年，巴爾托洛梅烏．迪亞士（Bartolomeu Dias）率領探險船，南下途中遇到暴風雨，飄流了十五天，發現了非洲最南端的海灣，命名為「風暴角」。

約翰二世得到情報，只要繞過非洲南端，就能到達印度，因此**改名為「好望角」，期許能找到前往胡椒產地的「入口」**，同時也展現葡萄牙將從陸權轉變為海權的決心。

從歷史解讀 41

非洲大陸南端的好望角，是歐洲進入「亞洲海域」印度洋前的要地。兩個世界在此處交會，融合為一。如今，它的航線比經由蘇伊士運河的航線多了數千公里，航行時間也要多花幾個月。後來，荷蘭在好望角周圍建立**開普殖民地**，讓農民移居到此種植作物，以補給糧食。因為好望角距離歐洲實在太遙遠了。

3 創業家哥倫布的野心，改變了海洋世界

往西應該可以到日本國

哥倫布搬到大西洋上的馬德拉島，他參考佛羅倫斯主張**地球球體說**的**托斯卡內利**（Paolo dal Pozzo Toscanelli）的海洋地圖，規劃了從大西洋往西航行到達亞洲的冒險計畫。用現在的話來說，他就是個創業家。

哥倫布相信了馬可波羅在《馬可．波羅遊記》的記述，在秦海（中國沿海一帶）有個「黃金之國」日本（Zipangu）。哥倫布夢想著一獲千金，若能比葡萄牙船隊早一步到達亞洲，就能不勞而獲取得日本的豐富黃金。

當時，歐洲人認為，歐洲的對岸就是亞洲。在《馬可．波羅遊記》中記載，**中國沿岸的秦海上浮著四千多個島，其中最大的島，生產大量低廉的黃金，它叫做日本國島。**忽必烈為了占有黃金，試圖遠征日本，但最後失敗。

哥倫布獲知葡萄牙航海員巴爾托洛梅烏．迪亞士發現非洲南端的好望角，確定葡萄牙到達

亞洲的情報後，認為自己事業能否成功，關鍵全在與時間的賽跑上——是自己先到還是葡萄牙先到。

於是，哥倫布全家總動員，四處尋找贊助者，用盡辦法想把事業計畫推銷給葡萄牙國王、西班牙國王和法國國王。在政治優勢的時代，如果沒有找到有力的贊助者，利權馬上就會被掌權者搶走。

但是，在陸權優勢的時代，他很難找到人贊助。葡萄牙王室已經發現好望角了，對他的計畫興趣缺缺。而西班牙因為與伊斯蘭教徒作戰（收復失地運動，七一八～一四九二），有軍事費的負擔，所以財政上沒有多餘的預算。至於陸權法國，則更不用提。

從歷史解讀 42

哥倫布遲遲找不到贊助者，也就意味著當時歐洲各國國王，看不出橫越大西洋貿易有什麼實際利益。

就在這時，**砂糖買賣的生意夥件、改信天主教的猶太富商，同時也是亞拉岡王室的財務大臣桑坦赫爾（Luis deSantángel）成了哥倫布有力的幫手**。因為西班牙與伊斯蘭教徒之間的宗教戰爭（收復失地運動）已接近尾聲，猶太商人正在尋找新的賺錢門路，以支付龐大的軍費。**一四九二年，當西班牙攻陷伊斯蘭教徒最後據點格拉納達，哥倫布得到了卡斯提亞與亞拉岡聯邦的西班牙女王伊莎貝拉的援助。**

哥倫布航海橫越大西洋

一四九二年八月，哥倫布率領旗艦聖瑪利亞號、平塔號、尼尼亞號三隻船，與九十名（一說一百二十人）船員一同從帕羅斯漁村出航。哥倫布指揮聖瑪利亞號，提供船隻的平松兄弟指揮平塔號與尼尼亞號。

聖瑪利亞號除了哥倫布之外，還乘載了船東、領航員、書記、翻譯員、水手長、水手、醫生、船上木工、油漆工、酒桶工匠、廚師等約四十人。船的方向以羅盤測量，時間則以三十分鐘為單位的沙漏計算。

哥倫布艦隊因平塔號船舵兩次損壞，又經歷長達三天的無風之苦，最後到達加納利群島。一行人在加納利群島滯留了快一個月，修理平塔號，也大幅改造尼尼亞號的船帆，補給了水和糧食後，於九月六日出航。等待海面吹起適於航海的風。

船隊沿著北緯二十八度線向正西方航行，因為他認為汗國與日本國就在這條緯度的延長線上。

接著船隊在北緯三十度附近轉向赤道，靠著久吹不停的信風，航程一路順風。九月十六日掠過馬尾藻海域的北端前行。這段航程，筆者也乘船路過一次，但可能是陰天的關係，這片海域只看到無盡的黃褐色海草在水中漂盪，令人心情鬱悶。

船隊十分幸運，經過七十天平穩航行，到達了大西洋對岸的陸地。十月十二日黎明前，平塔號的水手看見島影，天亮時，哥倫布船隊來到巴哈馬群島的瓜那哈尼島（當地原住民盧卡亞人的稱呼），他們命名為「聖薩爾瓦多島」。

哥倫布航行時全仰仗對神堅定的信仰，信仰帶給他面對未知障礙的勇氣。船隊規定每天早上清洗甲板後和日沒時為禱告時間。而計時用的沙漏三十分鐘周期翻轉時，則歌誦讚美歌。神戶商船大學名譽教授杉浦昭典敘述，哥倫布船隊將每天早上洗甲板的習慣，稱為「turn to」，現在在船上依然沿用。

「日本國」在加勒比海？

哥倫布判斷自己終於到達「日本國所在的秦海（中國的海）」，心中不勝欣喜。他的地理知識都是靠自學而成，所以迭有錯誤，與現實的地球狀況不同。現在想想，當時學者們對地球的認識，都只是紙上空談，因此也不能責怪哥倫布獨斷的偏見。

船隊不久抵達加勒比海最大島——古巴，他看到長長的海岸線，便直覺判定這一定是大汗統治的契丹（中國）。沿著東南駛過古巴島的北岸，進入小島分布的海域。哥倫布判斷，這一定是馬可波羅記載，分布在中國近海的四千多個島嶼。

隨後，哥倫布將這片海域中最大的島（當地人稱為「波以歐島」）命名為「伊斯帕尼奧拉（西班牙島）」，將其視為西班牙國王的領地。在這島上，哥倫布聽到了他引頸期盼的消息。身上掛滿黃金裝飾的酋長說，島的中央有金礦，稱為「西巴歐」，出產大量的黃金。話雖如此，但由於語言不通，哥倫布自以為是地認為**「西巴歐」一定是他夢寐以求的「日本國」**。由此可見，人的偏執真是可怕。

從歷史解讀㊸

哥倫布在加勒比海發現「日本國」的消息，讓人們知道大西洋的盡頭是歐亞大陸的東緣，刷新了歐亞中心的世界觀。亞洲熱成為在大西洋開拓航線的原動力。而等到發現那是「新大陸」之後，人們的熱中程度就完全不同了。可見「日本國」的錯誤認知，具有相當大的意義。

以陸地的思想瓜分海洋世界的西班牙

哥倫布航海發現「亞洲」的消息讓葡萄牙受到最大的衝擊。葡萄牙早已得到教宗的詔書，擁有亞洲貿易的權利，因此即使訴諸武力，也要阻止西班牙往西航行到亞洲。兩國關係愈趨緊張。

一四九三年，西班牙國王獲得出身本國的羅馬教宗亞歷山大六世的裁決，規定在亞速群島與維德群島以西一百里格（當時，一里格等於約五．九公里），設定對西班牙有利的「**教宗子**

午線」，片面決定與葡萄牙的分界線。

就像是陸地的國界，葡西兩國也在大西洋設定國界，瓜分成東西兩塊。但是，葡萄牙提出將兩國勢力圈分為「南、北」的議案卻被退回。這個時期，瓦斯科．達伽馬尚未出海航行，葡萄牙能不能開闢亞洲航線還在未定之天，西班牙占有絕對優勢。

原本就是內陸大國的西班牙，為了保護本國的利益，用陸權的處理方式，像陸上世界一樣瓜分了世界的「海洋」。

葡萄牙當然感到不滿。**一四九四年，兩國談判後簽訂了托德西利亞斯條約，互相承認維德群島以西三百七十里格（約二千一百八十三公里）的子午線（西經四十六度三十七分）以東為葡萄牙屬地，以西為西班牙屬地。**巴西因此被收入葡萄牙的屬地。

法國的法蘭索瓦一世與英國的伊莉莎白一世當然對這項片面的宣言嚴重抗議。

一五八〇年，葡萄牙國王在摩洛哥戰死，葡萄牙王室被西班牙兼併，**世界的海洋全都成為西班牙的領土。因此十七世紀以後，主張「公海」航行自由的荷蘭、英國，必須以實際的行動來打破西班牙獨占的海洋掌控。**

4 天花大流行讓西班牙掌控了新大陸

阿茲特克帝國不可能被六百名西班牙人滅絕

由於新大陸的經濟價值高，儘管與歐洲氣候不同，西班牙人仍從加勒比海一帶不斷往熱帶與亞熱帶開發。不久，西班牙人發現並以武力征服了阿茲特克帝國、印加帝國等山岳國家。

麥克尼爾十分懷疑六百名西班牙人滅了阿茲特克帝國的普遍說法，因而產生了撰寫名作《瘟疫與人》的念頭。這趟遠征是私人募集的遠征隊，征服阿茲特克、印加的「征服者」（Conquistador）兵力少得驚人。征服阿茲特克帝國的科爾特斯（Hernán Cortés，一四八五～一五四七）率領的士兵約六百人，征服印加帝國的皮薩羅（Francisco Pizarro，一四七八前後～一五四一）只帶了約一百八十人。

當時，西班牙的戰法是肉搏戰，沒有舉槍統一射擊等戰術，所以很難說是火槍發揮了威力。如賈德．戴蒙在《槍砲．病菌與鋼鐵》中指出，一如麥克尼爾說過，這時候，瘟疫也發揮了決定性的作用。

西班牙人將天花帶進了美洲，這種傳染病靠空氣傳播，感染力強，死亡率高，因而消滅了整個印地安社會。征服者利用瘟疫流行導致的社會混亂，接收土地，讓原住民淪為奴隸。

我們先從科爾特斯征服阿茲特克帝國來看，遠征的背景是加勒比海一帶因為瘟疫大流行，造成勞動人口減少。科爾特斯一五一九年帶著約六百名士兵、十六匹馬、約五十挺槍，在猶加頓半島上岸，直到這時，他們才知道阿茲特克帝國的存在。

科爾特斯軍來到阿茲特克帝國的首都特諾奇提特蘭後，**天花的大流行重挫了整個帝國**。科爾特斯糾集了周邊對阿茲特克族有反感的部落，組織約七萬名兵力，打倒了阿茲特克。

十六世紀初，阿茲特克帝國的人口據推斷有二千五百萬人，但因為瘟疫大流行，到了一五五〇年，劇減到六百萬人。驚魂未定的阿茲特克人認為，西班牙人之所以沒有病死，是因為他們信仰的神比較強大，所以紛紛改信基督教。

之後，皮薩羅得知巴拿馬地峽一帶有印加帝國的存在，便率領一百八十名士兵和二十七頭馬，在秘魯上岸。皮薩羅知道兩名國王（印加）對立，假意提供幫助，卻用計俘虜了其中一名國王阿塔瓦爾帕（Atahualpa），滅了帝國。天花的流行在秘魯也十分嚴重，原本約有九百萬人口的印加帝國，到了一五七〇年，遽減到一百三十萬人。

從歷史解讀44

不論是哥倫布、科爾特斯還是皮薩羅，都是為了個人利益而行動的征服者。西班牙王室利用這些征服者，為國王得到了土地所有權，與居民對教會的信仰。並依據委託監護制（Encomienda，以印地安人改信基督教與保護為條件，委託統治的制度），給予征服者和其夥伴一定期間的統治權。

新大陸的白銀流入歐亞大陸

到了十六世紀，西班牙操縱殖民地的重點，從加勒比海轉移到大陸。從墨西哥、秘魯的銀礦挖出大量廉價白銀，用巨大銀船運輸到西班牙港口塞維利亞的西印度貿易廳（創立於一五〇三年）與菲律賓的馬尼拉。再從該地轉運到歐洲和亞洲各地。

一五四五年發現的秘魯波多西（Potosí）銀礦（現在屬於玻利維亞），成為當時世界最大的銀礦。儘管城市建在比富士山還高的高地上，十七世紀時已發展成為西半球最大的都市。另外，墨西哥也開發薩卡特卡斯（Zacatecas）銀礦，在十六世紀後半到十七世紀間，挖掘出大量的白銀。

大西洋、加勒比海、太平洋因為白銀的運輸而變得活絡，新大陸龐大的銀子將世界經濟結合為一。在歐洲，從十六世紀中葉起的一百年，白銀一直是西班牙「黃金時代」的財政基礎。過去，德國南部年產的白銀約三十噸，但是十六世紀後，從新大陸流入西班牙的白銀超過二百噸。利用舊印加帝國的強制勞動制度，挖出的白銀，每年需用一百艘西班牙船運到歐洲，一百年內，物價暴漲了三倍以上，掀起了「**價格革命**」。

十六世紀後半到十七世紀前半，歐洲信奉天主教的西班牙，與新教各國間發展出激烈的宗教戰爭，這也波及到因天花流行而原住民遽減的加勒比海。

英國、荷蘭人等在加勒比海域，靠著西班牙人帶來野化的家畜做成肉乾維生，成為洗劫西班牙銀船的海盜，他們就是以牙買加羅亞爾港為據點的**加勒比海盜**（buccaneer），與歐洲的海盜船、私掠船（Privatier）組成聯盟，以「宗教對立」為藉口，奪取西班牙的白銀，將其視為一種海上事業。

為此，西班牙想出了方法對應，在港口建設要塞，並且引進大型的加利恩帆船，以護送船隊的方式保護白銀。十六世紀中期以後，西班牙使用高達五百至六百噸的大型船隻，有時甚至有一千噸以上的加利恩帆船。

連結西班牙塞維利亞、墨西哥維拉克斯、南美洲卡塔赫納（Cartagena）的航線，則成為大型武裝商船運輸白銀的路線。

「哥倫布大交換」是「歐洲優先的交換」

新大陸的植物源源不絕地送進歐洲、非洲、亞洲，其規模不但改變了生態系，連社會本身都發生了變化。

這種新舊兩大陸之間，植物、動物的移動現象，美國生態歷史學者艾弗烈德・克羅斯比稱為「哥倫布大交換」。日本農學家、民族學家山本紀夫對此則判定為「哥倫布的不平等交換」，因為歐洲人進行的交換，事實上是不平等交換。

西班牙將玉米、馬鈴薯、番薯、木薯、南瓜、蕃茄、辣椒、落花生、扁豆、可可、向日葵、香草、菸草、麻醉藥古柯鹼的原料古柯、瘧疾的特效藥奎寧、口香糖的原料糖膠樹膠等多樣化的農作物，從新大陸帶回歐亞大陸，不只是歐洲，也傳播到非洲、亞洲等廣大的地區。

其中，一五七〇年前後，**西班牙人從印加帝國帶回歐洲的馬鈴薯**，一舉改善了寒帶北歐的

「飲食」。馬鈴薯原本栽種在安地斯山脈高度四千公尺的高地上，因此十分適應北歐的氣候，收穫量也多，為北歐社會增添了活力。英國經濟學家亞當．斯密在《國富論》中提到，相同面積的農地，馬鈴薯的收穫量是小麥的三倍。

歐洲從一五五〇年代到一八五〇年一直處於「小冰河期」的嚴寒氣候，農作欠收反覆發生，當時，耐寒力強的馬鈴薯，拯救了平民，成為「窮人的麵包」。

在亞洲，**阿茲特克帝國的番薯**，從菲律賓傳進了中國福建，解救了饑荒，繼而再從琉球、薩摩傳播到日本全土。而樹薯則傳入非洲，成為主食。在日本風行一時的珍珠奶茶，就是用樹薯做的澱粉。太平洋戰爭時，據說前線的將士都以樹薯澱粉來充飢。

而歐亞大陸帶進新大陸的則有麥子、稻米、甘蔗、藍草、棉花、馬、牛、羊等。每一樣都在此開闢農園大規模生產，**送回歐洲消費**。

從歷史解讀㊺

克羅斯比以哥倫布到達美洲大陸為界，將一四九二年以後東半球與西半球的植物、動物、食物、人口交換，使兩個相異世界均一化的現象，稱為「哥倫布大交換」。的確，加入了美洲大陸後，世界的面貌完全改變了。

第七章

海洋帝國葡萄牙與荷蘭東印度公司

印度洋的海洋帝國與荷蘭東印度公司

1 第二海洋帝國葡萄牙

瓦斯科．達伽馬航海的意義

在連結好望角之後，葡萄牙成為橫跨大西洋與亞洲（印度洋、南海、東海）的海洋帝國。印度航線的開拓者瓦斯科．達伽馬，其航海的意義十分重大。

達伽馬的船隊是由四隻艦船、約一百七十名（也有說是一百四十七名）船員組成的小型船隊。那時世人已知，在駛到非洲南端的洶湧海域（「咆哮四十度」）時，要盡量遠離陸地航行，等到進入海風朝一定方向吹的海域，再升起船帆，由強風吹送一口氣北上，是最好的方法。

達伽馬的目的，是比西班牙早一步到達印度西岸的中心港口科澤科德。國王曼紐一世將寫給據信在非洲內陸建立大基督教國家「祭司王約翰國」國王，以及印度胡椒出口港科澤科德國王的親筆信交給達伽馬。達伽馬船隊經過三個多月艱難的航行，直達好望角。在那裡燒掉糧船減輕負擔，用六天時間繞過好望角，接著在非洲東岸北上時遭到穆斯林勢力的騷擾，最後駛入肯亞的馬林迪港。

然後，艦隊雇用了伊本．馬吉德為領航員，靠著他的指揮，在一四九八年五月二十日進入科澤科德。這時距離恩里克王子展開探險事業，已經過了八十年寒暑。

達伽馬一行人送給科澤科德國王的禮物有腰帶十二條、深紅色頭巾四條、帽子六頂、珊瑚念珠四條、放在缽中的包裹六個、砂糖一箱、油兩樽、蜂蜜兩樽。這些禮物比印度洋海域最貧瘠的商船載運的物品還要寒酸。當時**葡萄牙與印度洋貿易圈的經濟差距之大**，可見一斑。

由於禮物太過寒酸，科澤科德王不承認達伽馬一行是國王的使節團，拒絕與他們貿易。達伽馬船隊到南邊的高知港，才好不容易買到胡椒。花了約三個月時間橫越印度洋，吃盡苦頭才回到故鄉。主要是因為不巧遇到季風的逆風期，因此在印度洋上迷航了。回程中，有三十名船員因壞血病丟了性命。

瓦斯科．達伽馬的航程用了二年二個月，犧牲了一百人以上的性命，航行之艱困，是哥倫布航海所無法相比的。

但是，達伽馬船隊成功避開了鄂圖曼帝國掌控的海域，開拓了直達印度的路線。船隊從科澤科德運回的胡椒，為王室帶來了約六十倍的利益。

侍奉葡萄牙王的德國地理學家馬丁．倍海姆（Martin Behaim）記述，中世紀末期，胡椒從印度運到歐洲，經過十二道商人的手，因此胡椒的價格與白銀相當。

小國葡萄牙成為「印度洋腓尼基」的原因

曼紐一世對胡椒貿易帶來的龐大利益龍心大悅，自稱「衣索比亞、阿拉伯、波斯、印度的征服、航海、通商之王」。**葡萄牙國王靠著大砲武裝的船艦，將印度洋收入掌中，宣稱印度洋貿易為王室事業。這相當於葡萄牙轉變為海權國家的宣言。**葡萄牙從恩里克王子探險非洲西岸開始積累，備齊了轉換為海洋國家的地理條件，終於轉換成海權國。

但是，葡萄牙有意進軍的印度洋周邊，在阿拔斯王朝下已形成大範圍的分業體制，讓葡萄牙沒有插手的餘地。只是，歐洲正在進行**大砲、火槍帶來的「軍事革命」**。葡萄牙靠著船上搭載的小型火砲威力，成功打入了市場。

傑森・C・謝曼（Jason C. Sharman）在《弱者的帝國》（*Empires of the Weak*）中如此敘述：

在近代的非洲和亞洲，歐洲人的存在感幾乎全在海洋上，以軍事性掌控重要港口或海上交通要道進行海洋交易。相對的，極端強大的當地政體大都不關心海洋，只重視陸地與人的掌控。海洋與陸地這種互補性選擇的一致，讓「陸上統治者」與「海洋霸主」有了粗略共存的可能性。

印度洋是亞洲各類商人建立的和平「貿易之海」，船隻都是小型，無法搭載大砲的單桅帆船，因此對船舷裝設大砲的葡萄牙船一籌莫展。

歐洲從十四世紀後半，大砲急速普及。到了十五世紀，戰爭規模擴大，大砲的鑄造在紐倫堡、里昂、安特衛普等地都很興盛。

到了十六世紀，富機動性的小型船用大砲也出現了。葡萄牙迫於派遣裝載大砲的船到亞洲的需要，成為大砲主要的採購客戶。據說德國和法蘭德斯製造的大砲，大部分都運到葡萄牙。葡萄牙從西非得到的黃金、亞洲各地收購的辛香料，全都在安特衛普用於購買大量的大砲。

從歷史解讀 46

十六世紀末到十七世紀初，歐洲各地宗教戰爭、荷蘭獨立戰爭（一五六八～一六四八）戰事頻仍，大砲的需求量大幅增加。大砲價格高漲，使得葡萄牙愈來愈難派遣武裝艦隊掌控印度洋海域。弱國葡萄牙之所以能快速占據印度的果阿、麻六甲海峽的麻六甲等「據點」，在「亞洲之海」發展，是因為他們將十六世紀在歐洲擴大的**軍事革命**成果，運用在海洋世界。海洋世界中軍艦船舷側砲的發達顯著。相對於葡萄牙以裝備船隻的小型大砲，急速擴大海上交通路線，亞洲遊牧帝國仍專心於主宰陸地。陸權對海權的入侵毫無警覺。

建設戰略性的商館、堡壘

推動葡萄牙以大砲主宰印度洋，是第一任印度總督法蘭西斯科・德・阿爾美達（Francisco de Almeida）。阿爾美達於一五〇五年率領三十艘船隊，在印度駐守三年。他靠著：一、保護葡萄牙的貿易船；二、讓單桅帆船購買貿易保護證「**卡爾達斯**」，建立統治海洋的體制。

阿爾梅達重視大砲，他認為只有大砲的武裝船，才是葡萄牙實力的泉源。陸上戰爭一向是弱者的葡萄牙軍，在海上卻是天下無敵。他向國王進言，在陸上不論建設多堅固的堡壘，都難以抵擋陸權大國。

但第二任印度總督阿方索・德・阿布奎克（Afonso de Albuquerque）卻改變了戰略，在印度洋建設「海洋帝國」。他主張繼承古代「海洋帝國」腓尼基，以**武裝商船**連結威尼斯、熱那亞方式的「**商館**」，建立「海洋帝國」。

一五一〇年，阿布奎克在監視伊斯蘭阿拉伯馬交易的印度教印度海盜建議下，奪下印度西岸的**果阿島**，建立最早的據點。果阿十分繁榮，有「**黃金果阿**」之稱，在歐洲消費的七成胡椒、丁香等高價香料，都是從這裡集運出港。

一五一一年，利用主宰港口的國王與商人之間的衝突，葡萄牙**征服**了十五倍兵力的**麻六甲王國**，從此控制了**亞洲最大的咽喉點**——麻六甲海峽。

葡萄牙商人托梅．皮雷斯（Tomé Pires）指出，「成為主宰麻六甲的人，就等於掐住威尼斯的咽喉」。占領麻六甲之後，葡萄牙商人更進軍摩鹿加群島，壟斷丁香、肉豆蔻等高價香料，也進軍阿瑜陀耶，進一步促進與泰國的貿易。

從歷史解讀 47

葡萄牙國土規模小，王權薄弱，很難利用海洋國家這個地緣政治學上的優勢來壯大國家，是靠著陸續移居亞洲的民間商人才能支撐。他們與當地商人、放貸人聯手擴大了海上的網絡。葡萄牙海洋帝國，與古代迦太基帝國一樣，都建築在商人編織的網絡上。

葡萄牙海洋帝國的特色在於，它是世界史上，最早在美洲大陸（巴西）、非洲、亞洲設置轉運據點、交易據點、殖民地，並由商人將這些據點互相連結起來的國家。

葡萄牙除了幅員遼闊的**巴西**，非洲西海岸奴隸貿易的據點之外，也將**好望角**、東非的**莫三比克**、波斯灣控制咽喉點的**荷姆茲**、棉布主產地印度的**坎八葉**（現在的康貝）、印度西岸的**果阿**（設置造船廠）、控制麻六甲海峽直通南海的**麻六甲**、搜集明朝物產的**澳門**、白銀產國日本的**長崎**連結起來，建立**亞洲貿易的大交易網**。

葡萄牙利用風前往亞洲時，也將巴西當作轉運站。十七世紀後半以後，他們為了把巴西生產的砂糖、菸草在果阿、麻六甲賣掉，也從亞洲派遣商船到巴西。

但是，葡萄是個人口只有約一百四十萬人的弱小國家，很難在遙遠的多個亞洲港口配置要員，裝配多艘船艦維持交易網，王室的主宰一撤退，民間商人就成了活動的主力。

這是因為葡萄牙國內並沒有可供出口的特別商品，因此**轉運貿易**就成了**商貿的基本模式**，他們將辛香料等在歐洲的市場上賣掉，買入白銀，用它在亞洲採購物品。熟悉當地民情的葡萄牙商人便與當地人合作，組織地區間的交易。

因此，當西班牙把新大陸廉價的銀子直接帶到東亞後，利用西班牙白銀周轉的葡萄牙貿易便陷入困境。**到了十九世紀，葡萄牙的海洋帝國拱手讓給了英國。**

從歷史解讀 48

日本有很多源自葡萄牙語的字彙，像是卡斯特拉（長崎蛋糕）、天婦羅、餅乾、玻璃（vidro）、橋牌、披風、麵包、風琴、菸草、金平糖、背負、英吉利、荷蘭等。此外，有人推測日文的「謝謝」（arigatou）也是源自於葡萄牙語的「謝謝」（obrigado）。葡萄牙海洋帝國給予了日本深遠的影響。

葡萄牙王室壟斷的亞洲貿易，因為當時歐洲的辛香料購買量低，所以運輸量也少，派遣到亞洲的船隻也不多。也因為這個因素，葡國主導大航海時代而取得的非洲西岸、東岸、巴西、印度果阿、麻六甲海峽的麻六甲、耶穌會掌控的長崎等貿易網，都委託給民間商人，同時也有許多歐洲文明傳入日本。即使葡萄牙在亞洲的領地被荷蘭、英國奪走後，葡萄牙商人的網絡並未消失。

沙勿略所屬的耶穌會，由於接受葡萄牙王室的財政支援，與葡萄牙商人關係很深。**在一五八〇至一五八七年間，長崎屬於耶穌會所有**（譯注：戰國時代的肥前國大名大村純忠，因皈依天主教，為讓葡萄牙貿易能在自己領地內經營，在一五八〇年將長崎捐給耶穌會）。

2 荷蘭自北海興起

操縱「歐洲貿易的一半」

一四七七年，尼德蘭（包含現在比利時、荷蘭、盧森堡，與法國東北部，「低地」之意）成為哈布斯堡家族領地，南部（比利時）的毛織品工業、北部（荷蘭）的北海鯡魚漁業因商業而昌隆。尤其是北海的鯡魚和北極海捕鯨，被譽為「荷蘭的海上金礦」，成為經濟發展的原動力。造船業與海運的成長成為樹立波羅的海貿易霸權時的基礎。

一五五六年，平素就常說：「如果讓我主宰異端，他們應該會死一百次」的菲利普二世登基為西班牙國王後，開始鎮壓喀爾文教派新教徒，在荷蘭駐紮西班牙軍並且掠奪、課徵重稅，於是爆發了期間長達八十年的荷蘭獨立戰爭。

其中，船舶數量達英國兩倍的荷蘭，只要幾小時就能到達英國、法國各港口，幾天內就能航行到西班牙、葡萄牙。於是他們充分運用地緣政治學上的優勢，發展海洋經濟。

一五六六年，文藝復興時期的佛羅倫斯史學家圭恰迪尼（Francesco Guicciardini，一四八三～

一五四〇）曾就尼德蘭（荷蘭、比利時）說道：「對尼德蘭人而言，漁場與航海的環境可說是地理位置優越，北尼德蘭不只是西歐的港口，同時也是德國、利佛諾、挪威，甚至是波羅的海的港口。在這個國家，雖無葡萄園，能飲葡萄酒，雖無亞麻，但有豐富的亞麻布。雖無羊毛，但製作出非常多的毛織品，雖無木材，但是製造的船比歐洲所有居民加起來還多。」對尼德蘭利用海運活用他國經濟而繁榮盛讚不已。

只是，荷蘭人生性不受拘束，召募不到士兵，海軍軟弱。因此，戰時大多雇用商船搭載大砲，組織臨時軍艦。與從海盜國成長為海權國的好戰分子英國截然不同。

從歷史解讀㊾

漁業對海洋經濟來說十分重要，尤其是陸地資源缺乏的荷蘭，全靠捕鯡魚和捕鯨業推動海洋資源的利用。荷蘭人知道斯堪地那維亞半島北邊，有個弓頭鯨的大漁場，為追求鯨油而入侵該地，與英國捕鯨船激烈爭鬥。而在兩國船上實際作業的是熟悉捕鯨的巴斯克人。

十七世紀後半，二百至三百艘船捕獲了二千多頭弓頭鯨，荷蘭人獨占歐洲的鯨油市場，賺取的利益比亞洲香料貿易還高。

荷蘭捕鯨業到了十八世紀轉移到美國手上。這時反倒是繼承過去漢薩同盟的主力商品「鹽漬鯡魚」，對荷蘭經濟的貢獻更勝於鯨油。

阿姆斯特丹接手呂北克的鹽漬鯡魚

在（捕不到鯡魚的）呂北克之後接手鹽漬鯡魚的販賣，是引導荷蘭阿姆斯特丹走向繁榮的原因。鯡魚本來會群聚到波羅的海的淺灘產卵，但是突然消失了蹤影。因此，荷蘭人在北海的洋面上用流網捕捉，在船上進行鯡魚的鹽漬加工。

荷蘭平時就有六百至八百艘鯡魚船出航，掌控北海的遠洋漁業。漁船連續捕魚五至八星期，在船上進行鯡魚鹽漬裝桶。當時阿姆斯特丹鯡魚收獲的收入，與英國出口羊毛、毛織品的賺取的金額差不多。

一六二〇年，荷蘭有二千艘漁船，但其中大部分都是七十噸到一百噸大小的鯡魚漁船。一艘船能載十五人左右，所以，推斷從事漁業者約有二萬人。從事鯡魚漁業與相關事業的人則高達四或五萬人。

由於基督教徒為了體驗耶穌的苦難生活，會在復活節前的「四旬節」禁食肉類。這個時期，歐洲各地都會吃**鹽漬鯡魚**。大量的鯡魚需求，促進了荷蘭經濟的發展。

在海象凶險的北海捕鯡魚，漁船容易損傷，因而促進造船業興盛。而利用風力製材機和搬動重木的起重機等，進一步推動了機械化、標準化，讓荷蘭擁有全歐洲出類拔萃的造船能力。造船成本也只要英國等其他地方的一半價格。靠著活用造船能力建造的大量商船，荷蘭稱霸北海、波羅的海貿易。海運業的成長，也促進了航海用具製造、繩索製造、海圖出版等相關產業的發達。

至於海上貿易不可欠缺的大砲，剛開始時，荷蘭無法製造，需仰賴英國鑄造大砲的進口。到了十七世紀，烏特列支、阿姆斯特丹等主要城市，開始大量鑄造低價的鐵製大砲，支援荷蘭海上勢力的擴張。

其實在一六二二年的階段，荷蘭居民已有六成居住在城市（其中的四分之三住在人口一萬人以上的城市），與海洋密切相連的荷蘭，漸漸成長為歐洲的特殊地區。

代替國家進軍亞洲的荷蘭東印度公司

過度的競爭迫使荷蘭派船前往亞洲的各個城市，不得不彼此聯合起來確保利益。一六〇二年，設立聯合東印度公司，獲得從好望角到麥哲倫海峽之間，廣大地區的貿易、殖民、軍事壟斷權。

荷蘭東印度公司，是荷蘭省的政治家奧爾登巴內費爾特提議，由各城市商人出資成立的世界第一家股份公司，以六百五十萬弗羅林（其中阿姆斯特丹出資三百七十萬弗羅林）的資本出發。由於船隻與航海技術尚未成熟、海難事故頻傳，為了防止出資者破產，所以出資者成為有限責任的股東。

王室賜予許多特權的東印度公司，就是海上的荷蘭。東印度公司靠著卓越的海運力，從葡萄牙（當時西班牙國王兼任葡萄牙國王）手中奪下亞洲貿易的主導權，在爪哇、蘇門答臘、摩鹿加（香料）群島、麻六甲、錫蘭島設置據點。

到了一六一九年，荷蘭在爪哇島的**巴達維亞**（現在的雅加達）設立總督府，並在香料群島、蘇拉威西島、巽他群島、麻六甲、暹羅（泰國的舊名）、錫蘭島、印度東岸、西岸設置據點，壟斷丁香、肉荳蔻、肉桂等的香料貿易。原本葡萄牙承攬運送亞洲物產到歐洲的業務，被荷蘭取代接手了。

公司因此賺取了巨大的利益。原先承諾支付百分之三．五利息的股利率，到了一六〇六年增加到百分之七十五。當時海難意外並不稀奇，一般來說，海洋事業都採取一次航海後解散，再分配利益的方式（英國東印度公司的方式）。

但是，**荷蘭由於採取聯邦制，公司不得不一肩扛起造船、運事、殖民地統治等事務，需要永久性的公司組織**。因此才對出資金可能付諸流水的股東付出高股利。

一六二一年設立的西印度公司，壟斷了美國大陸的貿易。在北美洲，西印度公司占領哈德遜（一五六五～一六一一，哈德遜灣即為了紀念他而命名）探險的德拉瓦以北的東北部，在哈德遜河口的曼哈頓島建設新阿姆斯特丹（後來的紐約）作為據點，也在巴西、幾內亞開闢殖民地，開始栽培甘蔗，發展奴隸貿易。

就算有再多船隻，沒有勇敢的船員也無法在大海中開闢出航線。喀爾文教派認為人生是神給人類的試練，如同怒海的航行。他們的信仰因此產生出不畏艱難航行，具有強韌精神力的船員。

主張「公海」對抗葡萄牙

以海運走向繁榮期的荷蘭，自然無法容忍西班牙與葡萄牙仗著羅馬教宗的權威，將太西洋如同大陸般瓜分統治的托德西利亞條約（一四九四），與瓜分太平洋的薩拉戈薩條約（一五二九）包圍了世界海洋。

因此，**荷蘭提出以羅馬法承認「領海」為國家領土的一部分，「公海」不屬於任何一個國家，不論哪一國的船都能自由航行。**其中，荷蘭的法學家暨外交官雨果．格勞秀斯（Hugo Grotius）條理清晰地解釋了「海洋的自由」。他在一六〇九年發行了**《海洋自由論》**，闡明公海的原則如下：

一、海洋是流動的，無法確定邊界，乃是「萬民擁有物」，不能成為法律行為的對象。

二、海洋是交通工具，可以在不損害他人之下利用，不瓜分共同享有為宜。

三、國際性通商、交通、交換的自由，為國家的自然權。

從歷史解讀㊿

荷蘭以「公海」、「海洋航行自由的原則」的想法，指責陸權西班牙拉攏葡萄牙，兩大天主教國家瓜分、壟斷性統治世界海洋的做法。相對的，英國的約翰・塞爾登（John Selden）提出《閉海論》，提倡「如果所有人都能自由使用海洋的話，從海洋得到的利益就會減少」、「海洋與陸地同樣是藍色領土，一名統治者就可以統治」。

到了十八世紀，大砲射程內為領海的主張受到支持，國際規定領海為當時最新銳大砲的彈著距離三海里（一海里約為一・八公里）。原則上，現在仍然引用這個規則。一九八二年通過的《聯合國海洋法公約》（有關海洋法的國際聯合公約）規定領海為十二海里，並且擴大到上空、海底、海底之下。這個話題，近日又再老調重提。意圖包圍南海、東海，宣稱為「海上領土」的中國，展開與過去「藍色領土」同樣的主張。

格勞秀斯的「公海」主張得到各國的共鳴，到十七世紀末，世界的海洋已分為領海（本國沿岸的封閉海域，離岸三海里）與公海（自由海域）。公海的維持，對國際商業的擴大十分重要，如前述，將「領海」的範圍限制在大砲彈著距離的想法，受到廣泛支持，成為國際慣例。

在爪哇島建立「據點」

在西風帶的暴風海域從事鯡魚捕撈的荷蘭人，是海上世界的勇者。**荷蘭船直行到好望角，從那裡穿越人稱「咆哮四十度」的狂暴西風帶海域後，開發出直航爪哇的航線。**這與葡萄牙船避開凶猛海域，往莫三比克海峽北上的走法不同。

一六〇九年，荷蘭從當時兼併葡萄牙的西班牙手中，得到印度、東南亞的自由貿易權。一六一九年，荷蘭東印度公司的總督庫恩（Jan Pieterszoon Coen）租借了吉利翁河口的查雅加達（即現在的雅加達）地方，建設「據點」巴達維亞城（荷蘭語「巴達菲亞」）。之後，又進軍出產丁香、肉荳蔻等珍貴香料的摩鹿加群島（香料群島）。同年，荷蘭與英國簽定協議，摩鹿加群島的香料貿易比例，荷蘭占三分之二，英國三分之一。

一六二三年，摩鹿加群島的丁香、肉荳蔻產地安汶島發生了「安汶大屠殺」，荷蘭東印度公司殺害了英國商館員十人與日本傭兵九人。排除了英國勢力，獨占香料貿易。荷蘭更進一步控制了台灣海峽，獨占對日貿易。

之後，一六二七年，荷蘭在孟加拉建設商館，插手印度貿易。一六四一年，從葡萄牙手中奪取麻六甲海峽的要衝麻六甲。一六五二年，又奪走葡萄牙的好望角，開拓開普殖民地，作為亞洲的貿易轉運站，建立起繞行非洲，經由台灣海峽到達日本的貿易航線。

不過，**荷蘭侵入的地區有限，還未達到海洋帝國的程度。**

第八章

生機勃勃的東亞海洋

東亞的大交易時代與明朝走私貿易商人的活躍

1 白銀熱助長明的走私貿易

琉球大交易時代到明商人的走私貿易時代

明第三代永樂皇帝是個擴張主義者，在他死後，前述鄭和的大規模印度洋航海便告一段落。之後，明朝授予海洋國家琉球特權，代為從事東南亞貿易。

鄭和艦隊的船隻已無用途，便無償轉讓，同時也將負責操縱船隻、通商的福建人調離原地。同時，將琉球排除在勘合貿易之外，享有無勘合符也可貿易的特權。努力自東南亞取得藥材、辛香料，**謀取在朝貢貿易這種政治性商業框架外的物資調度**。

由於這個緣故，**十五世紀後半，琉球成為亞洲貿易的中心，被譽為「琉球的大交易時代」**。但是明朝積弱不振，十五世紀末，沿岸走私交易的取締鬆弛，明朝商人走私盛行，琉球的貿易也漸趨衰微。

十五、十六世紀的東亞，明朝施行食古不化的對外政策（**海禁政策**），隨著國勢衰弱，進入了全世界少見的「**走私貿易商人時代**」。這是民間商人反抗政治墨守成規的表現。走私商人擔心萬一被抓，禍及家人，因而自稱「**倭寇**」。因此商人的武裝貿易，也被稱為「後期倭寇」。但是大部分倭寇都是明朝的商人。

十六世紀初，葡萄牙控制麻六甲時，立刻派使節到明要求勘合貿易。但是察知來龍去脈的明政府不承認葡萄牙使節，阻止葡萄牙船駛進廣州港。

因此，葡萄牙船北上，加入以福建的月港、浙江的雙嶼港等為「據點」的走私商人網絡，發展東亞海域的貿易。一五四三年，葡萄牙人航海到日本，也是透過走私商人的網絡才能達成。

一五四三年，葡萄牙人搭乘戎克船（木造帆船）到達種子島時，明走私海商集團的首領，也是船主的王直也在船上。王直是去鹿兒島的硫黃島採集硫黃，順道在種子島靠岸，傳授了火繩槍的製造方法。

王直的目的是將當時已在東南亞上市的火繩槍帶到日本，強行推銷大量的火藥原料硝石。他的計畫果然成功，火繩槍傳布到日本，用阿瑜陀耶運來的硝石大發橫財。

王直本來是個鹽商，後來在平戶、五島設立「據點」組織走私貿易的大網絡，成為大首領。雖然很難判斷或評價明朝食古不化的通商政策，但是在東亞海上建立起大交易網，讓明朝決定鎮壓的，正是這個首領。

從歷史解讀 51

武力統一日本諸島的豐臣秀吉，當時出兵攻打明朝屬國——朝鮮半島上的李朝，而被李朝的宗主國明朝視為「倭寇」，派遣軍隊到朝鮮半島（日本稱「文祿．慶長之役」，在明朝則稱「萬曆朝鮮之役」）。

但是，從海洋世界送進來的火繩槍已在日本引發「軍事革命」，所以明軍陷入苦戰。明朝抱持中華思想的世界觀，對海洋世界與大航海時代連動的大變化視而不見。

葡萄牙在一五五七年，收買明的地方官，在廣州附近的澳門設置居留地。葡萄牙商人將集中到廣州的生絲直送長崎，賺取兩倍以上的利益。

明朝與日本之間走私盛行，是因為日本白銀產量豐富。博多的富商神谷壽貞發現石見銀山（島根縣大田市），挖掘出大量的銀礦石，使當時的**日本成為世界數一數二的銀產國，最盛時期的產量，達世界銀產的三分之一**。因而提高了日本的購買力。

當時，日本西陣織的生絲、棉布原料，全都仰賴中國。但是，明朝以過去「倭寇」活動為由，拒絕日本商人在中國沿岸的交易，博多等地的商人不得不委託明朝的走私貿易商人。葡萄牙人則利用明日貿易的停滯狀態，在平戶、長崎積極從事生絲貿易。

馬尼拉成為墨西哥銀的直營販賣店

十六世紀後半，西班牙在太平洋岸最大港阿卡普高與菲律賓的馬尼拉之間，定期行駛大型的加利恩帆船，展開「大帆船貿易」。美洲大陸生產的白銀（墨西哥元），其中三分之一運到馬尼拉。

原因是，與其直接把銀元送到歐洲，不如在東亞換成絲織品、陶瓷器等，再運到歐洲傾銷，如此一來，可以賺更多錢。

當時，新大陸白銀的價格是亞洲的三分之一。因此，西班牙商人可以買下三倍量的商品。西班牙人橫越太平洋，把銀運到馬尼拉，再從越過台灣海峽到菲律賓的明朝商人手中，大量買入絲織品、陶瓷器。新大陸銀子的低價，正好讓西班牙商人與明朝的福建商人共同獲得龐大的利益。

這種交易方式以繼承麥哲倫環繞世界的形式開始。**西班牙對抗葡萄牙太平洋連接印度洋的**

航線，發展出墨西哥（銀）—太平洋—東亞（絲、陶瓷器）—加勒比海—大西洋的航線。

一五六四年，西班牙艦隊在萊加斯皮（Miguel López de Legazpi）司令官的率領下，於宿霧島與馬尼拉建設殖民地。參加遠征的修道士（前航海員）**烏達內塔**（Andrésde Urdaneta）從馬尼拉沿著日本列島東岸航行到三陸近海，之後乘著西風帶發現了回到墨西哥阿卡普科的航線。馬尼拉的**大航海貿易**就是利用這條航線往返太平洋。

西班牙在馬尼拉採購的明朝絲織品、陶瓷器、工藝品等，運往阿卡普科，經過墨西哥、加勒比海、大西洋，在歐洲販賣，得到莫大的利益。因為亞洲與新大陸的白銀價差，比高額的運輸費更高。

另一方面，從新大陸運到亞洲的銀（墨西哥銀元），越過台灣海峽，大量流入明朝。中國將墨西哥銀元融掉重鑄成馬蹄銀（即元寶，秤重貨幣）流通。一五八〇年代，明朝施行一條鞭法，將土地稅與人頭稅合而為一，以銀錢繳納。透過銀的中介，稅賦的運輸更簡便。以銀錢代替穀物繳納的方法，後來清朝也延續下來，叫做地丁銀。

從歷史解讀 52

明朝和清朝都認為銀錢會一直流入「地大物博」的中華帝國，不可能流向國外。因為他們認為中華帝國是世界的中心。但是，銀錢的價格會因為世界商品而波動。計畫從海上向中華帝國擴張經濟的英國，並不像陸權帝國追求領土的擴大，花費莫大的經費維持領土，而是取得香港島作為通商的「據點」。藉著各港口的開港、低關稅、治外法權、自由旅行權、租界的實施，擊潰了中華帝國。因為清帝國不懂得應付海權入侵的方法。

十六世紀後半，澳門、馬尼拉、明朝唯一認可為海外貿易港的福建月港、日本平戶、長崎各港市連結起來，形成的東亞貿易網絡（從明朝的角度，是倭寇貿易），成為亞洲海上經濟的中心，展現熱鬧的盛況。

2 亞洲海上的朱印船貿易

德川家康與荷蘭船利富德號

一六〇五年，荷蘭東印度公司的船訪問馬來半島的北大年，設立商館。德川家康接到這個消息，便派出一六〇〇年漂流到豐後的荷蘭船利富德號的兩名船員，傳達有希望進行日本貿易的訊息。

到了一六〇九年，搭載使節的荷蘭船停靠平戶，藩主松浦隆信負責使節與家康的仲介工作。荷蘭使節在駿府與家康會面，獲得允許通商的朱印狀。同年，平戶設立荷蘭東印度公司的商館。總之，從東邊崛起的陸權家康，有心想利用海權的荷蘭東印度公司進行貿易。

一六三四年，江戶幕府著手在長崎建設人工島「出島」，二年後竣工，收容葡萄牙人居住。後來在島原之亂時，荷蘭人協助幕府鎮壓，同時又向幕府表示恭順，承諾商務交易會與基督教傳道切割，趕走了葡萄牙人。

一六三九年，葡萄牙人遭到驅離，出島成了空城。**一六四一年，荷蘭商館從平戶遷到出島，**

荷蘭東印度公司獨占了對日貿易。在不需要耗費巨資進行軍事征服的出島進行貿易，對荷蘭人而言，是再好不過的條件。江戶初期的一六六〇年前後，荷蘭東印度公司的東亞貿易進入了全盛期。

從歷史解讀 53

荷蘭東印度公司與幕府有志一同，因此出島貿易很快步上了軌道。公司裡的要員曾敘述「如果不抱著一去不回頭的決心，實無法出言恐嚇或是行使暴力」。江戶幕府妥善地將荷蘭東印度公司納入規制，加以管理。而對軍力薄弱的荷蘭東印度公司而言，也是正中下懷。

荷蘭船每次駛入長崎時，都會向長崎奉行提交「和蘭陀風說書」，按歐洲、印度、中國三個地區，彙總各國的情報，成為幕府了解海洋世界的重要依據。

封閉在島國中的陸權日本，在海權荷蘭的引介下，充分得知了海洋世界的變遷。

日本難得成為「海國」的時代

德川家康承接了豐臣秀吉始於一五九二年發給商人朱印狀（海外渡航許可證）的做法，自一六〇一年以後，派遣使者到安南（越南）、呂宋（菲律賓）、柬埔寨、暹羅、南海交易的要港，馬來半島的北大年等地，建立外交關係。這是轉變為海權的嘗試，正好這也是荷蘭人開始進入東亞海域的時期。

德川家康自一六〇四年開始發展朱印船貿易，發行朱印狀給大名、大商人、明朝走私貿易商人李旦（鄭芝龍為其下屬）、英國人威廉·亞當斯（William Adams）和荷蘭人揚·約斯藤斯（Jan Joosten van Lodensteyn）等人。得到朱印狀的商人有六十五人，大名十人、明走私貿易商人十一人，以及荷蘭、英國、葡萄牙人共十二人，還有長崎官吏、堺·大阪等的武士四人。日本走入日本船航行東南亞的「大航海時代」。

朱印狀是證明幕府證認交易船的證書，但實際上航海時是利用亞洲走私貿易的網絡進行。**船上會雇用明人、葡萄牙人、荷蘭人、英國人操作朱印船，並且規定朱印船從長崎出港，必須駛回長崎港。**

一六三五年，在日本因「鎖國」禁止日本人航行海外之前的三十餘年，共發出了三百五十五份朱印狀。一年平均有十一艘船，最多時有二十艘船前往南海貿易。

朱印船是在戎克船加入歐式、日式的造船技術，重量五百到七百五十噸，約可搭載二百人上下。明由於「倭寇」秀吉出兵朝鮮，禁止日本船停靠中國，所以，朱印船的交易地點包含明政府管不到的高砂（台灣）、澳門、安南、交趾（越南）、占城（占婆）、柬埔寨、北大年、阿瑜陀耶、呂宋、婆羅洲等南海和周邊海域，與明的走私貿易商人進行「會合貿易」。

朱印船的航行次數：交趾七十三次、阿瑜陀耶五十五次、呂宋五十四次、安南四十七次，越南、泰國、菲律賓呂宋島都成為商貿交易的地點。派出朱印船的日本商人想買的是生絲、絲布等明朝物產，日本主要出口的則是銀礦石、銅、硫黃等。

其中，越南的惠安、阿瑜陀耶等地都形成日本人區，例如，阿瑜陀耶的日本人區居住了一千五百～一千六百名日本人，也出現了山田長政之流，為阿瑜陀耶王朝重用的人物。

從歷史解讀54

日本因「鎖國」而轉變為陸權，但因為運用了朱印船貿易培養的造船及駕船技術，國內海運網快速成長，西行海運和東行海運將國內各地連結起來。海陸運輸將日本全國連結為一。

江戶時代，日本經濟主要仰賴海路結合為一，山岳與盆地多的陸上五街道（東海道、中山道、日光街道、奧州街道、甲州街道）很晚才開始發展。例如，關東的「下らない」指的是當地產的物品，而不是上方（關西）用船運來的貨物。（譯注：「下らない」現在是指沒價值、差勁的意思。過去關東地處偏鄉，物產貧瘠，上方則是京都所在，因此上方運到關東的東西，稱為「下りもの」、其中的清酒更稱為「下り酒」。但關東自產的酒口味差，因而稱為「下らぬ酒」（非下り酒），慢慢的，所有關東自產的不良物品，都稱為「下らない」。）

3 荷蘭占領台灣與走私貿易海商集團作戰

荷蘭東印度公司掌控咽喉點台灣海峽

墨西哥的西班牙商人積極投入利潤高的馬尼拉大帆船貿易後，新大陸的白銀流向東亞，甚至壓迫到西班牙王室的財政。因此，西班牙王室不得不轉向抑制大帆船貿易的政策。一六〇三年，西班牙國王菲利浦三世對大帆船貿易加諸限制，因此新大陸流向東亞的白銀量減少。在**西班牙收斂時期，荷蘭東印度公司掌控了台灣海峽這個咽喉點，有效率地主宰了東亞的貿易**。

荷蘭東印度公司的目標為：一、在大帆船貿易中大量新大陸白銀流入馬尼拉與福建走私商人的交易路線；二、在葡萄牙澳門（南海）與長崎（東海）之間生絲與白銀交易路線交錯的海上重地——台灣海峽，設置新的「據點」，阻擋西班牙、葡萄牙的交通，掌控東亞貿易。荷蘭有意一舉將西班牙、葡萄牙排除在東亞貿易之外。

但是，當時的明朝將台灣海峽的澎湖群島視為領地，派遣多支軍隊把荷蘭勢力趕出澎湖。

因此，**荷蘭東印度公司於一六二四年，在面臨海峽的台灣島（當時稱為「小琉球」）附近的小島，建設義大利式的「城寨」兼「商館」的大員館（後來的熱蘭遮城），掌控咽喉點台灣海峽。**

接著明朝進入衰敗期，不再將台灣島視為領土，默許荷蘭人占據台灣。荷蘭東印度公司的台灣總督於一六二六年發布通告，禁止滯日的明朝商人在台灣通商，日本商人攜入的商品一律課徵一成的稅金。因此，過去合作關係的幕府與荷蘭之間，出現了爭端。

另一方面，葡萄牙的澳門與長崎之間的生絲貿易被荷蘭阻擋，連澳門前往果阿的船隻都被掠奪，使其在東亞的發展退了一大步。

從歷史解讀 55

現在，與咽喉點台灣海峽相臨的台灣，連結南海與東海，為東亞地緣政治學上的重地。中國透過掌控台灣：一、將「第一島鏈」分割成南北兩段；二、可以直接出入太平洋。但是，陸權中國的社會結構，是以大陸為中心的體系，很難在短期間轉變為海權國家。陸權國無法轉變為海權國是地緣政治學的鐵則。

問題在於我們對中國這個國家的理解程度。中國是農耕社會與遊牧社會混合的一大世界，一再重演內陸王朝的歷史。從秦朝之後，各個不同地區的族群以許多形式掌握天下，以王朝、帝國稱之。王朝是依天命而立，所以獨裁統治理所當然。

最後的王朝清朝，是滿洲人與蒙古人組成的征服王朝。統治領域遍及遊牧民族居住的廣大土地。中國近代化的動蕩起因於農民的民族運動，而清朝之後建立的中華民國，實質上是袁世凱王朝。但是新王朝卻因為袁的死亡而夭折。

之後進入軍閥割據時代。按孫文的判斷，第三國際（共產國際）、蘇聯、共產黨加入混戰，最後以完整繼承清朝領域的形式，成立了現在的中國。

毛澤東最初傾向聯邦制，不過因擔心過渡期的混亂，便直接以「中國」涵蓋清帝國統治過的「世界」。因此國家形式未定的問題，一直懸而未決。

海權海商集團掌控台灣

一六四四年，明朝滅亡，滿洲人成立清朝。第二年，走私貿易商鄭芝龍擁立杭州的明皇室遺族，在福建福州發起反清復明運動。

但是後來鄭芝龍向清朝投降，被護送到北京，於一六六一年遭到殺害。之後，其子鄭成功繼續與清朝作戰，因南明隆武帝賜國姓朱（明朝為朱元璋建國），因而世人尊稱他「國姓爺」。

一六六一年，鄭成功率領二萬五千軍力，包圍二千守備兵防守的荷蘭東印度公司「據點」熱蘭遮城。由於守備軍火力（槍砲威力）強大，擊退了鄭成功軍。

不過，在荷蘭叛逃者告知要塞背後山丘防備薄弱的情報後，**鄭成功占據山丘，自後方砲轟要塞，終於攻陷熱蘭遮城，在台灣建立東亞第一個「海商集團的國家」**。

從歷史解讀 56

清帝國與台灣鄭氏商人國家之間的戰爭，是明商團海權對清陸權的戰爭。從新大陸和日本帶來莫大的銀錢與交易的擴大，提高了海商集團的海權。在陸權久具優勢的東亞世界，鄭氏成為罕見的海權自立勢力。

陸權清朝兼併台灣

一六六二年，鄭成功在台灣建立據點的第二年，以三十九歲遽逝，直到今日，鄭成功依然被視為開發台灣的始祖。他死後，兒子鄭經（一六四二～一六八一）繼承王位。降服清軍的明朝軍人發起三藩之亂（一六七三～一六八一）時，鄭經試圖反攻中國本土與之呼應，但功敗垂成。

之後，王位繼承之爭削弱了鄭氏實力，清又下達遷界令，要求沿海五省的居民遷往內陸，截斷了鄭氏家族的貿易，因而鄭氏被孤立，走向衰弱。一六八三年，康熙皇帝（一六六一～一七二二在位）時代，清朝兼併台灣。四面環海的台灣，最初納入陸權的統治下。但是，苦心統治內陸草原與農地的清，卻不懂得活用咽喉點台灣海峽與物資豐饒的台灣。

由於**鄭成功生於平戶，母親是日本人**，江戶時代，日本人也熟知這位「國姓爺」。作家近松門左衛門看中這個情節，以和藤內（既非和〔日本〕亦非藤〔唐〕的諧音）為主角創作的文樂（人形淨瑠璃）〈國性爺合戰〉，一七一五年於大坂竹本座首映，大受歡迎，連續公演了三年之久。現在也成為歌舞伎的劇目之一。

第九章

第三海洋帝國英國支配世界

從海上稱霸世界的海權英國

1 從海盜轉型成海軍

突襲西班牙船的加勒比海盜

十六世紀是英國、荷蘭、法國等覬覦西班牙獨占的新大陸，並與之對抗的時代。不過，它也夾雜著歐洲宗教戰爭的成分。與陸權西班牙對抗的戰爭中，在延續維京傳統的海權英國、荷蘭、法國，海盜也在其中扮演了重要的角色。

實際上，宗教上的對立，正好有利於新大陸貿易的爭奪。英國的加勒比海盜、法國的胡格諾派、荷蘭的丐軍等新教徒海盜，打著反天主教的旗幟，聯合起來敵視控制大西洋的西班牙，起兵作戰。說得單純點，**這其實是汲取地中海歷史脈絡，與汲取北方維京歷史脈絡，兩派海洋勢力的爭戰。**

這個時期，**英國是私掠船與海盜的全盛期，兩者的界線極為模糊，許多海盜船是獲得皇家特許狀而成為私掠船。**德國思想家暨法學家卡爾．施密特（Carl Schmitt）在著作《陸地與海洋：一個世界史的觀察》中敘述，就以南部康沃爾郡，以海盜發跡的名門奇利格爾一家為例，**伊莉**

莎白一世時代，英國的船隻多從事海盜或違法的生意，極少有從事合法的事業。

海盜船進行非法活動，而取得國王發行追捕敵船特許狀的私掠船，則高掛英國國旗，公然攻擊並掠奪西班牙船。這些海上的「遊牧民族」將掠奪當作事業。

在歐洲洋域四處劫掠的英國，到了亨利八世（一五〇九～一五四七在位）的時代，建立了歐洲無與倫比的帆船海軍。伊莉莎白一世在荷蘭對抗西班牙的**荷蘭獨立戰爭**（一五六八～一六四八）中支援荷蘭，另一方面，海盜德瑞克（Sir Francis Drake）、霍金斯（John Hawkins）率領私掠船，多次攻擊從加勒比海域運輸大量銀礦石的西班牙銀船隊。據說伊莉莎白一世把從西班牙船掠奪來的白銀作為東印度公司等的經營資金。

西班牙因英西海戰而沒落

英國在十六世紀末到十八世紀中葉，靠著與西班牙、荷蘭、法國之間多次的霸權爭奪戰爭，成長為大殖民帝國。

一五八八年，菲利普二世在里斯本組織一支大艦隊，稱為無敵艦隊（Armada），計畫向不斷從事海盜搶劫的英國施予報復（英西海戰）。艦隊以六十八隻戰艦為中心，並有船艦一百三十隻，火砲二千四百三十一門，水兵八千零五十人，陸軍一萬八千九百七十三人。是西班牙傾全力建立的大艦隊。

艦隊在五月九日威風凜凜地從里斯本起錨開航，沿太加斯河而下，卻不幸遇到惡劣天氣，中途在拉科魯尼亞修理船隻，補給飲水和食物，然後向英國進擊。迎擊的英國艦隊為小型船艦一百九十七隻，火砲一千九百七十二門，兵力一萬五千九百二十五人。

潮汐劇烈，狂風大浪的北海讓無敵艦隊無所適從，被富於機動力，砲術精湛的英國海軍反攻而敗下陣來。無敵艦隊從多佛海峽迂迴繞過蘇格蘭北方，九死一生才回到西班牙聖坦德港。回港船艦僅剩一半。無敵艦隊的戰敗，意味著大西洋的主控權轉移到英國、荷蘭等昔日維京世界的後繼勢力手上。

西班牙擔憂失去霸權，為了建造船艦，重新購入大砲等器材，重新整建海軍，再次開啟一五九〇年中斷的對荷貿易。但是，打錯了算盤。過去從西班牙進口美洲大陸與亞洲產物的荷蘭，早已變身為獨立接手歐洲轉運貿易的商業大國。

從歷史解讀 57

一五八八年，西班牙在英西海戰吃了敗仗後，霸權並非立即轉交給英國，而是進入英國、荷蘭、法國、西班牙多國爭霸的局面，時間長達一百年。英國直到英荷結合為共主邦聯的名譽革命（一六八八～一六八九）時才掌握霸權。

「閉海論」害慘海運大國荷蘭

因為清教徒革命（一六四二～一六四九），克倫威爾（Oliver Cromwell）成為英國護國公，握有獨裁權，為贏得民眾支持，不擇手段的採取膨脹政策。克倫威爾的箭靶是海運大國荷蘭。

他利用約翰·塞爾登（一五八四～一六五四）的「**閉海論**」，不擇手段地將貿易先進國荷蘭封閉在英國門外。主張「英國優先」。他看準荷蘭是軍事上的弱國。若是發動戰爭，一定能戰勝荷蘭！一六五一年，克倫威爾特別看重以往任何國家都未重視的船籍問題，片面制定了以下的**航海法**：

一、限制只有英國船（英國船籍，船長、四分之三的船員須為英國籍）可與英國領地貿易。
二、所有外國船隻不可在英國沿岸從事貿易。
三、本國擁有海岸的國家，必須直接與英國貿易。

英國依據上述的主張，實施貿易保護主義，禁止從事轉運貿易的荷蘭船進入英國本國與殖民地的港口。這讓需要英國羊毛的荷蘭經濟受到重創。法國、瑞典、西班牙也倣傚英國，保護本國船隊的活動。荷蘭的轉運貿易損失慘重。此外英國也對荷蘭在北海進行的鯡魚捕撈，要求支付侵害英國漁業權的保障金。

第二年，一六五二年，英國向荷蘭發動戰爭。克倫威爾以荷蘭船未向英國軍旗表達敬意為藉口，出兵宣戰，英荷戰爭爆發。以戰爭追打弱勢的荷蘭，是露骨的「英國優先」政策。英荷戰爭陸續發生三次，第三次戰爭時，荷蘭還必須面對歐洲最強的陸軍國法國。最後，在軍事處於劣勢的荷蘭戰敗，失去了歐洲海上商業主宰權。一六四四年，英軍占領荷蘭西印度公司的新阿姆斯特丹（由國王的王弟約克公爵獻上，所以改成紐約〔克〕）。雖然戰敗，但是荷蘭商人總算保有獨立，選擇了向英國出資之路。海權英國不但擊垮競爭對手，而且還得到大筆的資金援助。**接著，英國在一六八八～一六八九年的名譽革命，與荷蘭結合為共主邦聯。**

從歷史解讀 58

在荷蘭，實權掌握在大商賈的仕紳（Regenten）手上。他們以追求利益為優先，厭惡軍事支出。當荷蘭的霸權被努力擴張軍備的英國奪走後，仕紳依然堅持經濟優先，並未停止對英國、法國的投資。在經濟興盛期，重視經濟的荷蘭繁榮富裕，但是進入軍事時代後，政治、軍事力薄弱的荷蘭就失去了霸權。但是強悍的仕紳積極投資英國，在財政上支援英國，然後接受回報。由於荷蘭資金的挹注，英國的實力更上一層樓。

將武裝商船轉變為以戰列艦保護商船

進入十七世紀，一方面軍艦大型化，主砲已不設置在船頭，而是把大砲設在艦內。從船兩側打開的「砲門」進行射擊。風帆艦的原型是大型的加利恩帆船，加裝了砲門，因而可以架設大口徑的大砲，讓砲彈飛得老遠。而且也把大砲安置在船的下半部，降低重心，可以防止船隻翻覆。

設置砲門不但是為了穩定大砲，同時也有不讓敵軍搶走大砲的目的。在船的兩舷架設大砲的軍艦，發想出縱列一排，一齊從舷側向敵軍艦隊砲擊的戰術。

昔日海戰時，武裝商船會攻入對方艦隊，跳上敵船進行肉搏戰。而此時變換成從遠距離開砲，擊沉敵船的戰略。最後，英國軍艦改造成**具備五十至一百門舷側砲的「戰列艦」**。十七世紀中期，英國海軍擁有一百五十艘以上的軍艦，得以壓制其他國家。戰列艦的大砲數量會左右海戰的結果，所以**武裝商船的功能低落，商船與軍艦分家**。因為這個緣故，商船數增加，從英格蘭各港出港的英國商船噸數，從一六六三年到六九年，年平均為九萬三千噸。但一七七四年激增到年平均七十九萬八千噸。海上世界的軍事革命，讓英國躍進一大步。

第二次英法百年戰爭的勝利

法國在路易十四世的軍制改革下，建立起歐洲最強的陸軍，十七世紀末後的一百多年，它利用歐洲王位繼承戰爭等，在北美洲一再為了爭奪殖民地而作戰（**第二次英法百年戰爭**）。北美洲的主要交易商品是毛皮，所以這場戰爭也稱為毛皮之戰。雖然法國人口是英國的三倍，但是下列幾點對英國有利：

一、法國的加拿大殖民地是毛皮貿易的「據點」，英國的十三個殖民地，是移民建立的殖民地，有許多人力可以利用。

二、陸權法國的海上運輸力，與海權英國相比之下居於劣勢。

三、英國得到猶太人金融業者的襄助，將國債制度化，籌措軍費立於優勢。

英國在歐洲七年戰爭的連鎖效應下，又在北美洲發動英法北美戰爭（一七五四～一七六三）大破法軍，取得北美洲廣大的殖民地。**與西班牙並立為新大陸的殖民大國**。但是，長期的戰爭使英國背負巨額的國債赤字，英國財政處境艱難。雖然向十三個殖民地課徵與本國同等的稅額，試圖渡過財政危機，但是殖民地百姓在「無代表，不納稅」的口號下強烈抗議。母國與殖民地關係惡化，**美國獨立戰爭**（一七七五～一七八三）因此爆發。

美國獨立戰爭後，英國策略轉變為離岸制衡

美國獨立戰爭爆發時，英國以「內亂」為由，企圖迴避歐洲各國的介入，並且實行重商主義政策，規定殖民地的所有工業製品，哪怕是一根釘子都必須由母國進口。無法調度武器的殖民地，看起來毫無勝算，但是，歐洲各國團結一致，突破了英國的弱點。

連續敗給英國的歐洲各國，根據「權力平衡」（Balance of Power），團結一致介入戰爭，以求削弱英國的實力。法國、荷蘭、西班牙都派遣軍隊支援殖民地。俄羅斯、葡萄牙等成立武裝中立同盟，提供戰爭物資給殖民地。最後，英國戰敗，也失去了殖民地。美利堅合眾國成立。

戰後，英國改弦易轍，利用「島國」的特性，從外海觀察歐洲大陸的動向，藉著外交、同盟政策，擊潰最具實力的國家，利用這種「**離岸制衡**」，巧妙地控制歐洲大陸。

其中一例，就是英國在法國大革命、拿破崙戰爭時，組織反法同盟，擴大英國的利益。最近，亞洲島國「日本」也與亞洲大陸的中國、韓國等保持一定的距離，藉由離岸制衡展開外交。

從歷史解讀59

英國不在歐洲大陸追求霸權，而是專注維持大陸各國的離岸制衡。另一方面，靠著海軍力量控制世界各海域的咽喉點，擴大殖民地。

2 一百年間形成的大英海洋帝國

利用拿破崙戰爭，控制世界的咽喉點

在大陸引發拿破崙戰爭之際，英國基本上把自己置於風暴圈之外，擴大利益。英果本是島國，也已經建立以議會為中心的國家體制，所以可以做到。它發揮地緣政治學上島國的優勢，成為反法同盟的中心，**同時也將拿破崙戰爭對本國的利益，利用到最大程度。**

英國以商業立國，打破拿破崙的大陸封鎖令勢在必行。但拿破崙的「大陸封鎖」策略，不合乎歐洲經濟的現實，所以，此舉反倒是突顯了英國的經濟地位，讓英國得以打造出獨占歐洲對外貿易的狀態。

拿破崙沒落後的維也納會議（一八一四～一八一五）中，大陸各國都埋首於國境與領土爭奪中，英國則獲得連結大西洋與印度洋的咽喉點開普殖民地、連結印度洋與孟加拉灣的要衝錫蘭島。尤其是開普殖民地，成為英國管理非洲的殖民地據點。後來，英國控制了蘇伊士運河，便在獨占非洲資源最豐富的東部地區時，利用它作為「據點」。

另外，拿破崙軍占領荷蘭後，英國占領了荷蘭的殖民地爪哇島，拿破崙戰爭結束後，英國雖然將爪哇島還給荷蘭，不過統治爪哇島時，副總督萊佛士（Sir Thomas Stamford Bingley Raffles）建設了新加坡，開拓馬來半島，讓英國在東南亞站穩了腳步。

進而，一八一〇年到二〇年代，過去西班牙殖民的拉丁美洲各國獨立之時，西班牙以歐洲的一員，要求支持維也納體制的五國同盟派遣軍隊到拉丁美洲。但英國反對，退出了五國同盟。之後，**英國朝脫離西班牙獨立的拉丁美洲各國積極地拓展經濟**，替換因工業革命而擴大的本國工業的市場。

一旦英國握有壓倒性經濟力的時候，依據「閉海論」制定的「航海法」，對經濟擴大反而有害。**因此，英國態度一轉，走向高唱「自由貿易」，縮小領海的方向，調整政策，認同公海的「航行自由」。在英國主導下，到了十九世紀，將本國沿岸三海里內視為領海的國家占了多數。**

帶有陸權弱點的印度與中國的殖民地化

到十七世紀為止，位於歐亞大陸邊緣地帶的印度蒙兀兒帝國、東亞清帝國，不論人口和財富，都是大勝其他地區的超級大國。

但是，兩個帝國基本上都是仰賴遊牧民族軍事力的征服王朝。地方或部落維持傳統特權，以雜亂而老舊的架構、慣例在統御國家。與歐洲的「國家」概念明顯不同，是特權者們的帝國。英國善用地緣政治學、外交術，靈活地應付超級大國的這些弱點和不堪一擊性。

有時一面利用軍事力，一面在帝國培植對自己有利的近代國家體制，滲透自由貿易。但是一方面又保留可資利用的宗教對立、族群對立和老舊架構。

從歷史解讀 60

英國把「帝國」嵌入民族國家、資本主義的體制，瓦解陸權各個帝國，加以支配。曾為陸權中心的俄羅斯、中國、土耳其、伊朗等帝國，即使走入二十一世紀，還在為建立「近代國家」而不斷摸索。但是這些國家都走得並不成功。擁有既得利益的階層不願放開特權是一大主因，很難轉移到近代體系中。印度由於英國建「國」，想透過它支配殖民地，因而，在國家框架的面向上，比西亞、東亞的舊帝國領地稍有領先。

在印度，英國東印度公司組織印度籍傭兵（西帕依）軍隊。利用多神教印度教勢力和統治者伊斯蘭勢力的對立，介入各地的戰爭。征服有力勢力，**從軍事面重組印度世界**。另外，在清朝，藉由鴉片貿易讓大量白銀流出中國，以銀錢加速納稅農民的貧困化，掏空農業帝國的基石。

在印度，英國東印度公司開發民間業者通商，轉型為支配地區的統治組織。到了十九世紀中期，英國東印度公司目標在於擴大操控殖民地，派西帕依傭兵到緬甸、阿富汗等。不願出國的西帕依不滿聲浪擴大，而東印度公司採用的新式恩菲爾德步槍，終於讓士兵的不滿爆發。

由於使用步槍時，西帕依傭兵必須咬開火藥包再將火藥填入槍管中，但是火藥包為了防潮，會塗上油。為了這種油到底是印度教徒視為神聖的牛油，還是伊斯蘭避諱的豬油，一八五七年爆發了起義事件。

這次傭兵的叛亂成為印度獨立戰爭的導火線。叛軍抬出實際上已失去統治權的老蒙兀兒皇帝，要求統治全印度，但是一八五九年被英國鎮壓，皇帝流亡緬甸死去，蒙兀兒帝國滅亡。英國解散東印度公司，讓它負起叛亂的責任。

一八七七年，建立了印度帝國，尊奉維多利亞女王為皇帝，但實質上，印度成為英國的殖民地。

從歷史解讀 61

英國東印度公司的員工獲准進行私人貿易，徹底追求在亞洲的利益。公司也有意藉由這種權限，達到增加公司收益的效果，但是從員工的角度，還是比較看重自己的私人貿易。

工業革命後，紅茶在英國普及，平民也可烘乾廉價的茶葉飲用。但是，當時在紅茶唯一的出口國清朝，茶葉出口為廣州的特權商人（廣東十三公行）所把持，需支付銀錢才能進口。但是，英國缺少白銀存量，無法隨心所欲地進口紅茶，於是英國東印度公司在普拉西戰役（一七五七）後占領，作為殖民地的印度孟加拉地區栽植鴉片，讓地方商人走私到中國，換取銀錢。最後就形成了以鴉片為主軸的「亞洲三角貿易」架構：

一、英國出口機械製棉布到印度。

二、孟加拉產鴉片走私到清。

三、英國進口清的紅茶。

但是，清朝的鴉片癮患激增。到了一八三〇年代，鴉片出口擴大，清朝流出大量的銀錢支付鴉片，銀價漲至兩倍。因此，原先在販賣穀物給商人，收取銀錢納稅的架構（地丁銀）下生活的農民，許多人陷入困頓。因為稅賦在短短時間內，漲了兩倍之多。可想而知，民生活的貧困，令農業帝國的清，快速走向衰蔽。

從歷史解讀㊷

滿洲人建立的清朝，善於利用蒙古人的軍事力，靠著武力繼承農業帝國明，成為強大的陸權國家。但它一向將遊牧民族與農民之間的爭戰，視為世界情勢的重心。因此，萬萬沒有想到，弱小「夷狄之地」（中國南部）的南方，出現了「海洋世界」的海權國，而與之交易竟會造成國家傾圮。官吏收取賄賂，默許鴉片走私，做夢也想不到大量銀錢流到國外後，帝國會因而崩潰。大航海時代以後，「島國」日本與海權接觸後，展開明治維新、文明開化。反之陸權清朝、半島國朝鮮王朝，則沒有妥善的因應來自大海的國際情勢變化。

因銀錢流出國外而陷入危機的清，在一八三八年任命林則徐為欽差大臣。林前往廣州，沒收了一千四百二十五噸的鴉片。他在廣州海岸挖了個大坑，引入海水，再投入沒收的鴉片和生石灰，利用生石灰遇水會產生高溫凝固的性質，將鴉片銷毀。鴉片銷毀持續了三星期以上。之後，林向鴉片商傳話，嚴禁鴉片貿易。

鴉片商擔憂此舉將讓他們失去莫大的利益，**英國也不願看到「亞洲三角貿易」崩解，因而發動鴉片戰爭（一八四〇～一八四二）**。也抱著野心想把機械製棉布賣到清的巨大市場。海權英國派遣清朝的軍隊高達二萬人，但大部分是東印度公司的西帕依傭兵。隨後，英軍擴大攻擊，進逼長江流域，清朝官吏擔心戰爭擴及首都，撤下主張對英抗戰到底的林則徐，選擇懷柔英國之道。

從清朝官吏來看，只要結束戰爭，自己能過著安寧的日子就行了。一八四二年，清與英簽訂南京條約，給予海權英國：一、香港作為「據點」；二、廢止公行等有利的交易條件，讓英國人在中國長驅直入。

從歷史解讀 63

英國重視位處邊緣地帶的中國，在南京條約要求開放上海等五港口，賠款軍費（一千二百萬銀元）、沒收之商品鴉片的價錢（六百萬銀元）、中國商人的負債（三百萬銀元），並得到不毛之地香港島。後來，香港連接印度孟買、自由貿易港新加坡延伸的航線，快速發展，成長為英國東亞的戰略性貿易港。

之後，清國內銀價上漲，再加上挪作鴉片戰爭的軍費、賠款而加重稅賦，民眾的生活更加惡化。就在這段期間，一八五一年，洪秀全（一八一三～一八六四）在廣東的科舉考試中落榜，組織了上帝會，糾集了一萬五千多人在廣西舉兵。

叛軍打著「滅滿興漢」（打倒滿洲人的清朝，建立漢人的王朝）的口號，在長江流域流竄。一八五三年，在當時的災荒下，吸收了高呼「滅滿興漢」的民族祕密結社天地會，匯聚成五十萬大軍，占領南京（改稱天京）。農民領導的太平天國控制了清的南半部江山。太平天國擴大之後，一八五六年，英國船籍的走私船亞羅號在廣州遭到搜捕，英國便以清朝官吏侮辱英國國旗為藉口，聯合法國出兵，引發英法聯軍之役（第二次鴉片戰爭）。

英法聯軍占領北京後，在一八六〇年簽訂北京條約，擴大在清國經濟侵略的條件，要求清承認外國公使進駐北京。

英國要求清割讓香港島對岸的九龍半島南部，而掌控陸權的俄羅斯也以介入調停，要求割讓領土為代價。有意懷柔的清朝割讓了相當大面積的領土給予俄羅斯。

壟斷操縱南半球的經過

如前所述，與歐洲距離遙遠的南太平洋，到了十八世紀，依然是「未知的海域」。因為南半球幾乎（有八成）都是海洋，而且離歐洲非常遙遠。直到十八世紀後半，從煤碳運輸船船員加入海軍，一路歷練成為船長的詹姆斯．庫克，才展開正式的太平洋探險。它的背景是這樣的。

英國在英法北美戰爭中取得勝利，終於讓英國與法國在北美洲長期的殖民地爭奪戰（第二次百年戰爭）在一七六三年告一段落。**之後，在一七八三年英國正式承認美國獨立之前，北美洲一直是英國的殖民地。**

法國為了與英國對抗，便把「南方大陸」視為新殖民的目標，這塊大陸在羅馬時代便認為存在於南半球高緯度地帶。由於合恩角到好望角的廣大西風帶，風力太強，帆船無法靠近，雖然細節不明，不過英國也推動南太平洋探險與法國對抗。

在這種狀況下，英國海軍士官詹姆斯．庫克的兩次探險航行確定了「南方大陸」並不存在。但是期間探險的海域中，發現了澳大利亞、紐西蘭，開闢為英國的殖民地。尤其是澳洲，在美國獨立後，英國將它作為罪犯流放殖民地。一八五一年淘金熱潮後，急速地開發拓展。

從歷史解讀 64

南半球遠離世界史的主舞台歐亞大陸，海洋占據了八成面積，又稱「水半球」。重視「全球規模海洋網絡」的英國，在美國獨立戰爭期間，占領紐西蘭、澳大利亞，又從因拿破崙戰爭國力衰弱的荷蘭手中，取得非洲南端的開普殖民地。又以經濟侵略一八一〇年代到二〇年代陸續獨立的拉丁美洲等，幾乎掌控了南半球。這也是英國得以樹立「世界海」海洋霸權的一大主因。

3 工業革命與陸海交通革命

「不列顛治世」

英國的工業革命從棉業主導發起，而它的前提是海權形成的殖民地帝國。英國驅使加勒比海域的奴隸，在大農莊生產大量的棉花，然後運用毛織品工業的技術，將東印度公司從印度帶來的高級棉布在英國加工，變成廉價、耐用的大眾衣料，成為大西洋周邊的熱門商品。之後，棉花紡紗工程進步成機械化，利用蒸汽機作為能量來源，廉價的機械製棉布便開始量產。

英國廉價的機械製棉布不但銷到大西洋市場，更壓制了印度傳統市場，成為世界商品。英國的殖民地體制，也從新大陸擴大到亞洲。此外，為了使用小型蒸汽機搬運沉重的煤碳、大量的原料和產品，一八三〇年也正式進行鐵路的鋪設（交通革命）。

英國的市場世界化，快速強化了英國的海權。**英國靠著工業革命與交通革命，進入「不列顛治世」的繁榮時代。**

從歷史解讀 65

工業革命後的技術革新（innovation）時期，技術的開發開創了新的資源。蒸汽機的普及，使「煤」迅速成為重要資源。但是二十世紀中期進入石油時代，煤的價值暴跌，石油地位升高。在地緣政治學中，資源的分布是一大重點，但它的對象經常變化。

郵船成為定期商船

美國由於工業革命而擴大交易規模，經濟成長，本為資源大國的美國與歐洲各國間運輸暢旺，北大西洋航線成為海上的大動脈。因此，海上運輸情報和人、物，必須有固定的班次而且準確。如同遊牧帝國有發達的驛傳制度，海洋世界也出現了**郵船**，雖然遲緩，但可定期運送郵件。郵船本來叫做「**包船（packet）**」，它的語源來自班船（Packet Boat），原本是荷蘭艦隊指揮官向各船發布指令時的傳令船。運送輕量的郵件，對船公司而言利潤很高，因此郵船快速普及。

美英戰爭（一八一二～一八一五）結束未久，郵船公司在紐約創立。船公司派出同速的四隻帆船出海，建立每月固定的日期，連結美國紐約與英國利物浦的運行系統。一八二〇年，擴增到十艘帆船。船票低廉，因此大受歡迎。在南北戰爭結束的一八七〇年以前，它一直是運送移民前往美國的中心。

在這期間，各國政府為扶植定期航線，對特定船公司發給補助，以協助成長。英國則將郵船的管轄從郵政省移到海軍省，目的在於培植商船隊，強化海權。戰爭時期，商船隊可成為海軍的助力。

鋼鐵船材促進大型船隻的量產

一八七〇年代開始的**第二次工業革命**，讓具有充分強度的鋼鐵大量生產，**鐵船也進入量產**。主要的原因是木材資源枯竭，刺激造船用木材價格飆漲。然而嘗試改用鋼鐵之後，鐵船不但便宜，而且尺寸容易放大，與水的摩擦也少，速度還提高了兩成，重量卻只有同型木船的三分之一。海洋工學家元綱數道在《幕末的蒸汽船》中，舉出了鋼鐵船的優點：

- 強度比木材高，所以重量約比木造船輕約三十%
- 可以擴大尺寸

• 容易設置雙重船底和水密艙壁，所以擱淺、衝撞時，沉沒的機率較低

• 航海中漏水少

• 火災時安全

• 鐵船是工業產品，所以較不擔心材料供給，與木造船大不相同

布魯內爾建造的第一艘巨型鐵船大不列顛號，一八四六年在愛爾蘭沿岸擱淺，但是，建造時將船倉區隔成六個部分，十分強韌，所以儘管擱淺約一年，但修理後，仍可以重新出航。修理後，大不列顛號轉用於澳大利亞航線，最後在福克蘭島成為煤碳倉庫船。該船現在保存在英國布里斯托，成為海事博物館船，與容易腐朽的木造船完全不同。

從歷史解讀㊅

一八六〇年「明治維新」時代，也是帆船到蒸汽船的大轉型期開始。這個時期，北大西洋航線上，帆船公司都改成蒸汽船公司。外輪船也轉變成螺旋槳船。**一八六八年到七九年之間，海上運輸的費用降至一半，貨物與人員的遠距離運輸也變得興盛。**進入全面活用「世界海」的時代。

4 英國的煤碳補給系統與海軍陸戰隊

煤碳補給細分化，導致貨物載運量的增加

美利堅合眾國實現了經濟成長，英國與美國的交通興盛，連結兩國的大西洋航線也急速成長。加拿大人薩繆爾．丘納德（Sir Samuel Cunard）看出這種趨勢，成立了連結兩個大陸的郵船公司，最後成長為現在世界頂尖的輪船公司——冠達郵輪（Cunard Line）。

丘納德最早進入波士頓的帆船航運公司工作，發現只有仰賴蒸汽船的高效航運，才能對抗美國優秀的帆船。擁有豐富森林的美國，造船用的木材取之不盡，所以成為帆船大國，並且打造出遠遠勝過英國船的快速帆船——飛剪船（clipper）。

冠達公司得到英國政府的補助金，興起橫越大西洋的郵遞事業，每個月開航一班，從利物浦經加拿大哈利法克斯，到紐約的郵船。在紐約因二月革命動蕩不安的一八四八年，他在利物浦與紐約的航線中投入四艘一千八百噸級的外輪蒸汽船。每艘船的速度都能與美國全帆裝船（Full-rigger ship）匹敵。

冠達公司在快速之餘，更努力實現舒適的大西洋船旅，所以在甲板上裝設乳牛棚，每天早上提供新鮮的牛奶，因而大受好評。在尚未發現低溫殺菌方法的時代，每天喝到新鮮牛奶，是陸地上也很難品嚐到的奢華。

美國的紐約．利物浦郵船公司（科林斯汽船）也得到美國政府的援助，開始用蒸汽船運送郵包。在幕末曾造訪日本的培里提督監督下，該公司建造了四艘二千噸以上的木造外輪蒸汽船，落實定期輸送郵件，與冠達郵輪對抗。

這兩家船公司展開激烈的價格競爭，最後北大西洋航線的船票降至原本的半價以下，輸送歐洲到美國的移民變得更加頻繁。

從歷史解讀 67

蒸汽船行駛的北大西洋定期航線，縮短了歐洲與美洲大陸間的距離，將兩個世界的連結變得更加緊密。隨著美國經濟的成長，人、物與資訊的傳送愈趨激烈，美國、英國、德國等多家船公司，皆以快速和安全爭奪旅客，世界的蒸汽船航線也以北大西洋為中心，不斷進化。

英國海軍與帝國航線

英國海軍的主要任務是保障本國採取「自由貿易」形式的海上交通與物資輸送路線。亞洲航線需經過許多咽喉點和遠海海域，**英國海軍會控制這些航線上的要衝，實際業務則全部託付給民間的船公司。**

英國負責亞洲交通、貿易工作的是P&O公司（鐵行輪船公司）。該公司一、於一八四五年，開闢錫蘭島迦勒與香港的定期航班；二、一八四七年，航線從迦勒延長到印度的孟買；三、一八五〇年，開闢香港與上海定期航班，階段性地延長亞洲各地區的定期航班；四、一八六三年，每月兩回定期船（約一千噸上下）連結上海、長崎、橫濱三港。

一八四二年到一八六〇年間，P&O公司開闢了

·英國、蘇伊士、加爾各答
·英國、印度、檳城、新加坡、香港、上海
·英國、蘇伊士、錫蘭、澳大利亞

多條航班，多面向的連結英國與亞洲、大洋洲各地。從英國本土到咽喉點——直布羅陀海峽的英屬直布羅陀、蘇伊士運河，協助英國民間的船公司通行亞洲，在亞洲海域，由海軍保護

航線。在自由貿易的名目下，印度、東南亞、中國都被編入英國的經濟圈。

從歷史解讀 68

西班牙南端的直布羅陀面對直布羅陀海峽，約在三百年前成為英國的殖民地，其面積狹小，只有六．八平方公里，三萬多名居民幾乎全是西班牙人。但是，由於位處地中海出口的蘇伊士運河，由埃及政府直接經營。英國只有繼續控制地中海入口的咽喉點，才能支配歐洲到亞洲的航線，因此不可能放棄此據點。英國直到現在，仍然運用直布羅陀作為避稅港。

英國人搭蒸汽船前往印度旅行

當時的英國人是走以下的路線到印度旅行。英國人若想到印度的加爾各答，需從亞洲船班的啟程點南安普頓港出海。經過葡萄牙的里斯本、面向直布羅陀海峽的英屬直布羅陀、地中海中央、帆船時代的主要港口馬爾它島、伊斯坦堡、希臘的錫羅斯島，在土耳其的伊茲密爾等煤

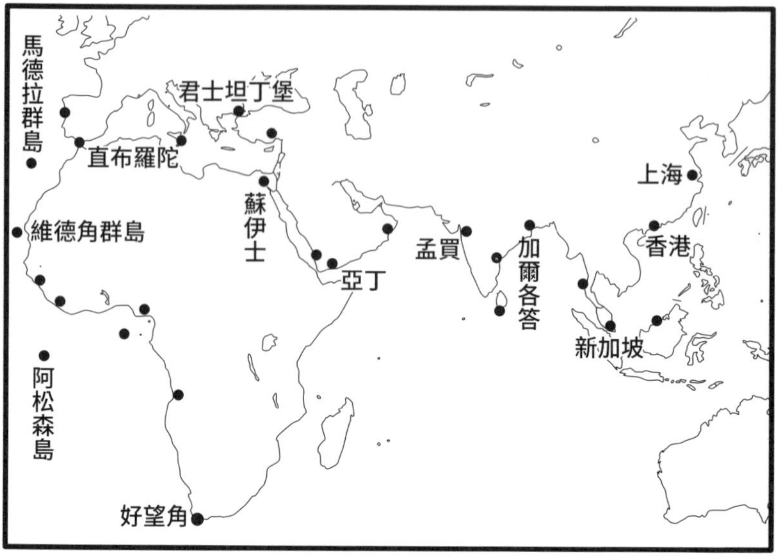

英國的煤碳補給基地

資料：宮崎正勝著《霸權的世界史》（河出書房新社）

碳補給基地載滿煤碳再出發。

　　蘇伊士運河通航之前，船旅到埃及的亞歷山卓上岸，然後展開四天全長約三百八十一公里的陸路旅行，從亞歷山卓到紅海邊的蘇伊士。船客從亞歷山卓搭河船走尼羅河到開羅，參觀金字塔後，騎駱駝到達蘇伊士，可以說是非常悠閒的旅程。

　　隨後，從蘇伊士經過蘇伊士灣、紅海，到達面對「曼德」海峽的非洲丕林島、英國海軍常駐基地所在的亞丁灣亞丁港、阿拉伯半島的庫里亞穆里亞群島、印度西岸的孟買、錫蘭島（斯里蘭卡）的亭可馬里、印度東岸的馬德拉斯（現在的清奈）、面向麻六甲海峽的檳城、新加坡、挖掘出優質煤礦的婆羅島北部納閩島、英國東印度艦隊基地香港、上海的航線航行。每個港口都設置煤碳補給基地，隨時貯存五百噸以上的煤碳。由帆船運輸燃燒效率好的威爾斯煤。

這些港口與煤碳補充基地都有英國海軍把守，以維繫並支持大英帝國的帝國航線（英國的帝國之路）。而沒有煤碳補給，船就無法行駛的條件，建立起英國透過補給煤碳操縱航線與港口的體制。

從歷史解讀 69

英國為了把亞洲繁榮一時的鄂圖曼帝國、蒙兀兒帝國、清帝國納入市場，又從帝國航線的港口分出支線，在亞洲海域布滿地方航線，港與港連結的網絡與自由貿易，都靠海軍保護。帝國航線的主要港口孟買、加爾各答、新加坡、香港、上海，現在仍舊是亞洲的主要大港。

運用「大博弈」戰略封鎖俄羅斯

十九世紀的海權英國，最大的敵人是統治「世界島」心臟地帶的陸權俄羅斯。如何「封鎖」強大的陸權俄羅斯，是英國的一大課題。十九世紀末，鐵路普及讓俄軍能大範圍的移動，加速了俄羅斯從心臟地帶往外擴張。這與稱霸大陸南緣持續東進的英國，發生利害衝突。

俄羅斯從陸地向歐亞大陸伸展勢力較為容易，相對來說，海權英國守住邊緣地帶的廣大殖民地則非常困難。而且，俄羅斯背後就是北極海，即使英國艦隊擁有在大西洋、印度洋所向無敵的海軍力量，卻也無從攻擊。因此，**英國與受俄羅斯南下威脅的歐、亞勢力結盟，在整個歐亞大陸展開封鎖俄羅斯的一系列戰爭，稱為「大博弈」（The Great Game）**。

首先，英國與法國合作，幫助鄂圖曼帝國參與克里米亞戰爭（一八五三～一八五六），防止俄羅斯從黑海擴展到地中海。第二次英國—阿富汗戰爭（一八七八～一八八〇）中，防堵俄羅斯勢力從巴基斯坦延伸到印度。進而與日本締結英日同盟（一九〇二），在日俄戰爭時，阻止俄羅斯把勢力伸入中國。在朝鮮半島設置防止俄羅斯南下的緩衝地帶，這並不只是當時日本的政策，也是英國的計畫。

從歷史解讀 70

麥金德在其著作《民主的理想與現實》提到，陸權具有掌控欲強，想從大陸向海洋進軍的特性。海權為了保護生命線——海上貿易路線與權益，試圖封鎖陸權，兩者的對立有可能發展成紛爭與戰爭。人類紛爭的歷史，就是陸權與海權紛爭的歷史。英國與拿破崙率領的法軍作戰、向南下的俄羅斯採取「大博弈」，在兩次世界大戰與德國戰爭，都是為了保護海上的霸權。

海底電纜網讓英國經濟成長

英國海軍在各地港口設置煤碳補給基地，在要地駐紮陸軍，因此，倫敦與各「據點」港口、殖民地駐軍的通訊就變得很重要了。自美國人摩爾發明電報，英國就盡可能將它利用在強化海上網路通訊上。一八五八年，英國鋪設了第一條橫越大西洋的海底電纜，但是經常故障，並不耐用。到了一八六六年，歐洲與美國之間的電信才終於穩定下來。

鋪設海底電纜有個難關，深度需達八千公尺以上，需要可以積載大量纜線的巨大電纜船。英國與美國合作，將鋪設海底電纜視為國家計畫，成為個中翹楚。一八八七年，全世界鋪設的海底電纜，近七成都被英國掌控。海底障礙少，是高速傳遞資訊的方法，英國正是看中了這一點。

英國政府支援的全球規模電信網，便利性高，可用於全世界的貿易結算。因此，倫敦的金融業掌管了全世界的金融、匯款、保險、結算。英國拜電信網絡之賜，規定資本借貸利息的取得、手續費的徵收，進而決定整個世界經濟的框架與標準。世界的電信經由倫敦傳到歐洲各國，因此儘管人在英國，卻能遍覽世界的資訊。

從歷史解讀 71

英國倫敦靠著連結海上網絡的「電信」操縱世界金融的現象，現在則透過網路由美國紐約華爾街接手操控金融。新的技術若沒有網絡便派不上用場。因此，建立資訊傳達的「框架」十分重要。

5 蘇伊士運河將亞洲航線縮短六十天

卸任後建設蘇伊士運河的外交官雷賽布

在海洋交通變革發展中，一八六九年發生了一個大變化，**蘇伊士運河開航，讓歐洲的海域世界與亞洲海域世界連成一線。**

從古埃及時代，人類就一再構思連結地中海與紅海的蘇伊士運河開鑿計畫，拿破崙遠征埃及時，也帶著一百七十五名學者、技師隨行進行調查。其中一名測量技師J・B・盧貝爾認為，紅海與地中海的海面高度相差十公尺，因而得出不可能建設運河的結論。

法國外交官雷賽布（Ferdinand de Lesseps，一八〇五～一八九四）赴埃及上任時，看過跟隨拿破崙的技師報告，對運河建設十分感興趣。擔任開羅領事時，曾為後來成為埃及總督的塞伊德擔任家庭教師。卸任後，利用塞伊德成為埃及總督之便，一八五四年取得運河建設的許可，以支付通航後純利的十五%為條件，取得蘇伊士地峽九十九年的租借權。雷賽布以資金二億法朗，設立萬國蘇伊士運河公司，著手建設。為建設運河發行的四十萬股票中，總督塞伊德得到十七萬七千六百四十二股，法國人占有二十萬七千股，剩下的由鄂圖曼帝國取得。

一八五九年四月開工，但因天氣炎熱且工程困難，需要近十一年的工期。由於幾乎是人工作業，在總共犧牲了約十二萬名埃及人之下，一八六九年十一月十七日，地中海端的塞德港（以總督塞伊德之名命名）到紅海端的鄂圖曼帝國海軍基地，亦是商業據點的蘇伊士（阿拉伯語「蘇瓦士」）為止，長約一百六十一公里的蘇伊士運河（深八公尺，底部寬二十二公尺）通航了。

一八六九年十一月十七日，在法國皇后歐仁妮乘坐的艾格爾號領導下，各國首腦搭乘的船從地中海端出發，同一時間，埃及凡軍艦從紅海端的蘇伊士進入運河，兩者在中間的提姆薩赫湖會合，六千人在湖畔的城市伊斯梅利亞（為了紀念支持運河建設的埃及總督伊斯梅爾而命名），參與大規模的賀宴，慶祝歷史性的一刻。

從歷史解讀 72

憑藉著建設連接歐洲與亞洲的咽喉點蘇伊士運河，倫敦與印度孟買之間的距離，比經由好望角縮短了約五千三百公里，將近二十四％。歐洲到亞洲的航程一下子縮短了約六十天，讓歐洲勢力侵略亞洲如虎添翼。從世界史來看，這也是個大轉變，從此由「陸地的網絡」進入「海上網絡」的時代。

英國收購蘇伊士運河公司股票

控制經由地中海到亞洲航線的大英帝國，以獲得運河經營權為第一要務，卻沒料到機會降臨得很快。一八七五年，蘇伊士運河公司的大股東，埃及總督伊斯梅爾為解救危在旦夕的埃及財政，有意出售持股十七萬六千六百零二股（全股份的四十四％）。然而法國剛在普法戰爭（一八七〇～一八七一）中戰敗，無力買下這些股份。

英國首相迪斯雷利（Benjamin Disraeli）從猶太裔銀行家羅斯柴爾德（Nathan Mayer Rothschild）得知這個消息，便迅速做出回應。在國會休會的狀態下，他以個人判斷，向羅斯柴爾德貸款，用約四百萬英鎊取得運河股份。之後英國派三名英國人擔任董事，參與經營，掌握運河的支配權。當羅斯柴爾德要求抵押時，迪斯雷利回以「那就以英國抵押」，成為著名的歷史佳話。

一八七〇年，共有四百八十六艘船通過蘇伊士運河。一八八八年的國際條約（君士坦丁堡條約）明定，蘇伊士運河是全世界第一條國際運河，任何國家的船隻都可以通過。到了一九〇〇年，經過蘇伊士運河的船隻為三千四百四十一艘。到了一九一二年，第一次世界大戰前夕激增到五千三百七十三艘。

一九一四年開航、連結大西洋與太平洋的巴拿馬運河也仿效這個方式，**成為向全世界船隻開放的國際運河**。

到了一八九〇年代，蘇伊士運河公司已可以付出二至三成股利。由於接二連三的運河修建工程，到了第一次世界大戰爆發時，河底寬度比建設時拓寬了約十公尺，達到三十三公尺以上。船隻通過時間也比建設時縮短了三分之一，只要十六小時十一分。

從歷史解讀 73

現在，蘇伊士運河已拓寬到十五萬噸級大型油輪都能通過了。日本五洋建設負責疏浚不斷流入蘇伊士運河的沙漠沙塵。但是運河的寬度必須到達約五百公尺，才能讓船幅三十至五十公尺的大型船隻可以航行，所以這個世界最大的咽喉點寬度還有待拓寬。因此，經過蘇伊士運河的船，一至十五隻組成船隊，保持約一．八公里的間隔，以七海里（時速約十三公里）的速度，花半天時間經過運河部分。如果加上在運河入口等待的時間，通過蘇伊士運河足足需要一天時間。

第十章

徹底重組海上世界秩序的美國

新大陸的陸權變身為管理世界海洋的海洋帝國

1 轉型為海權的美國

培里的任務是保障煤碳

美國最早是北美洲的陸權，靠著奪取原住民土地、占領墨西哥的領土而成長。在拿破崙戰爭時，美國以一千五百萬美元的低廉價格，向法國買下密西西比河流域的法屬路易斯安那，領土因而翻倍。一八四五年併入墨西哥屬德克薩斯，美墨戰爭（一八四六～一八四八）後又併入**加利福尼亞**，奪走墨西哥領土的三分之一，成為橫跨大西洋到太平洋的北美洲**大陸國家**。

加利福尼亞的取得，提高了美國橫越太平洋，侵略鴉片戰爭後一蹶不振的清朝機會。因為前往東亞不用像過去歐洲人，得經由大西洋、好望角、印度洋，繞過地球的四分之三周，橫越太平洋的話，只要地球四分之一周就能到達。

當時正轉移到蒸汽船的時期，但是太平洋沒有煤碳的補給站。蒸汽船的蒸汽機效率不佳，如果不設立幾個補給煤碳的地方，船隻就到不了香港、上海。所以，美國尋找煤碳供給地的目光，當然就指向當時「鎖國」狀態的島嶼國家——日本。

長達兩年的美墨戰爭中，培里是主力艦密西西比號的艦長，更是幹練的艦隊司令。培里在一八五三年，率領四隻黑船，包含兩艘蒸汽船在浦賀登陸。第二年與日本幕府簽訂神奈川條約。

對百年來處於「鎖國」狀態的日本來說，一八五三年七月八日傍晚，培里艦長率領蒸汽艦薩斯奎哈納號（三千八百二十四噸）、密西西比號（三千二百二十噸）、帆裝船薩拉多加號、普利茅斯號等四艘組成的艦隊，在浦賀外海下錨入港，可說是驚天動地的大事。甚至有人寫詩道：「太平夢醒上喜撰（最高級的茶，與「蒸汽船」諧音），飲四杯夜不成眠」。

美國使節培里以砲艦外交對日本施壓，成功令幕府同意開國。可是，在一八五〇年代前期，美國擁有的蒸汽船數量，實際上不到十隻。可以使用的蒸汽艦，只有鴉片戰爭結束時完成的密西西比號、美墨戰爭之際建造的薩斯奎哈納號（一八五〇年完成）、波哈坦號（三千八百六十五噸，一八五二年完成）、沙拉那克號（二千二百噸，一八五〇年完成）四艘。其中兩艘用於遠征，以美國的立場，遠征日本已是卯足全力了。

如前所述，**美國希望日本開國的原因，就是取得煤碳。**當時，美國的主要產業是捕鯨業，而日本近海的抹香鯨可以取得最優質的鯨油。捕鯨船必須在日本近海周遭徘徊兩年，才能將小型的捕鯨船的船槽載滿。所以必須在日本採購補給用的煤、水、生鮮食物。

另外，一八四八年，加利福尼亞出現淘金熱，開闢了舊金山港後，美國商人也加入鴉片戰爭後的廣州貿易，在日本列島取得轉運港的需求更加強烈。

環繞世界一周拜訪日本

奉命遠征日本的培里，於一八五二年十一月二十四日，指揮密西西比號從美國啟程。他經過大西洋的馬德拉島、位於非洲南部外海，因拿破崙被流放而聞名的聖赫勒拿島、好望角、印度洋的模里西斯島、新加坡，駛入香港。他並不是橫越太平洋，而是橫越大西洋、從好望角經過印度洋才來到日本。

培里先是在當時已設有煤碳儲藏場的沖繩那霸整頓陣容，以薩斯奎哈納號拖曳沙拉多加號，密西西比號拖曳普利茅斯號的形式，進入浦賀外海。艦隊以測量為名，侵入江戶灣深處，所以幕府不得不接受培里一行人在久里濱上岸。幕府並且接受他遞送的美國總統國書。

一八五四年二月十三日，培里艦隊再次回航浦賀外海，陣容包括薩斯奎哈納號、波哈坦號、密西西比號蒸汽艦三艘與帆船補給艦三艘。培里佯稱美國海軍擁有多艘蒸汽船威脅幕府，成功與日本簽訂神奈川條約。成果是日本開放下田、箱館二港，作為美國船艦的煤碳、水的補給港。

但是，這份合約經由夏威夷、巴拿馬，在一百天後才送到華盛頓。從這裡可以知道，一八五〇年代，太平洋的海上交通尚不發達。之後，美國在一八六一年爆發南北戰爭（～一八六五），暫時無暇拓展太平洋了。

往西、再往西，美國的亞洲拓展

美國大略可區分為：由清教徒小農民組成的北方社會、使喚奴隸耕耘棉花農園（大農場主）為中心的南方，以及未開拓的處女地西部。北方與南方的國家觀念完全相異。到了十九世紀中期，從歐洲遷移到西部的貧困農民遽增，反對奴隸制度的聲浪漸高，所以南部各州靠著棉花供給對象英國的支援，脫離合眾國，宣告成立美利堅聯盟國。但是，林肯總統不予承認，一八六一年到六五年間，發展出空前的內戰（南北戰爭），導致約六十萬人戰死。

戰爭中，林肯總統前往西部各州尋求支持，並且提出**公地放領法**（Homestead Acts），無償分配約二十萬坪土地，給從事西部開拓五年的二十一歲以上國民。這法案吸引了英國、德國等因戰爭後長期大蕭條，生活困苦的大量移民。

美國幅員遼闊，但是空曠無人，歐洲流入的大量資金與移民的廉價勞力相結合，促成了經濟的驚人成長。牽引成長的是政府補助建設的四條**橫貫大陸鐵路**。鐵路是美國成為陸權強國不可或缺的基礎建設投資。

南北戰爭後的二十幾年間，美國經濟成長迅速，十九世紀末成為世界最大的工業國家，成為名副其實的**陸權（大陸國家）**。但是，美國占有國民大多數人口的移民極為貧困，所以國內市場小，工業產品或農作物都必須出口海外。

依據美國一八九〇年的人口普查，邊境線已到達太平洋岸，可以確定已不存在邊疆（未開拓地）。開發到達極限時，經濟便開始停滯。

因此，出口市場的取得，就成為美國經濟成長的要件。但是，工業技術追不上歐洲，周邊的加拿大和墨西哥經濟也尚未成熟。因此，美國只能拓展太平洋對岸的中國市場，這種風潮日漸興盛，為了因應這種需求，美國有必要**從陸權轉型為海權**。然而，美國畢竟是個大陸國家，不是海洋國家。在這段時期，只有下面會提到的馬漢，從理論面支持轉型為海權。他把位在太平洋和大西洋兩大洋之間的美國，視為**概念上的海洋國家**，試著繪製轉型為海洋國家的藍圖。

馬漢進言拓展海洋

一八九〇年，海軍上校艾佛列特．馬漢撰寫《海上權力史論》，指出美國拓展太平洋的途徑。如前所述，馬漢提出了獨創的概念，認為美國是大西洋和太平洋包圍的**巨大「島嶼」**，倡說美國具有歐洲所缺少的**地緣政治學優勢。他點出，歐洲只有大西洋，而美國還有大平洋。**

這是地緣政治學的魔法，讓美國轉型為海權成為可能。他也具體地為我們描寫出獨創想法的重要，因為視野狹窄的常識性看法是無法打破現狀的。

從歷史解讀 74

馬漢論述，美國本來是個陸權國家，由於和亞洲、歐洲相隔遙遠，所以可以將它視為「島（北美島）」。舉例來說，東京至西雅圖之間的距離約七千七百公里，波斯頓至里斯本之間約五千一百公里。馬漢建議美國的基本戰略，應是與大西洋上的強大歐洲勢力共存，同時拓展太平洋、亞洲，若要實現這個策略，他主張必須擴充美國的商船隊、創設蒸汽船組成的強大海軍、擁有海外基地（煤碳補給地）、取得殖民地、掌控制海權，以強化海權。但是，周圍的海洋過於廣闊，所以，美國需要前進歐洲與亞洲大陸的前線基地。而英國與日本兩個島嶼國，便扮演了這樣的角色。

馬漢描述的前進亞洲戰略

馬漢的主張是，海權的基礎建置在：一、**生產活動**；二、商人與海軍建立**海上交通**；三、**殖民地**等三個條件完備上，靠著海權**控制世界海的話，就能控制全世界**。

過去**腓尼基、葡萄牙、英國的海上霸權，都是在艱困的生活環境下應運而生的，馬漢倡說的海權理論，則是從這些國家的歷史中抽取理念**，也是掌握海權的獨創技巧。因此，不論是帝國主義時代的德國、英國，明治時期的日本、現在的中國，都接受了馬漢的理論。

馬漢在《亞洲的問題》（*The Problem of Asia and Its Effect Upon International Policies*）一書中，指出美國若要成為海權的四個過程：

一、建設連接大西洋與太平洋的巴拿馬運河。

二、讓加勒比海成為美國海軍的「內海」，以防衛巴拿馬運河。

三、在夏威夷、菲律賓設置美軍基地。

四、為遏制俄羅斯海軍前進太平洋，美國需與英國、日本、德國等海洋國家結為同盟。

從歷史解讀 75

英國為對抗支配心臟地帶的俄羅斯南下東亞，因而支援日本，所以日本比美國更早推展海權的轉型。十九世紀末，日本在甲午戰爭（一八九四～一八九五），打敗了號稱「沉睡獅子」的清帝國，得到了台灣海峽的澎湖群島、台灣，以及位於渤海、滿洲入口的遼東半島。明治時代，閉封於島內的農業國日本，加強了歐洲列強侵略的意識，開始轉變為海權。因此，美國的世界戰略還要再加入削弱早一步轉型為海權、在亞洲建立獨立勢力圈的日本。

美西戰爭成為前進亞洲的根基

甲午戰爭的三年後，**美西戰爭**（一八九八年）爆發，成為美國轉型為海權的契機。西班牙在加勒比海的據點古巴發生反西班牙暴動，第二十五任美國總統麥金利（William McKinley）以保護美國僑民為由，派遣最新銳艦緬因號前往哈瓦那港。但是，一八九八年二月，該艦神祕地爆炸沉沒，二十六名船員死亡。至今仍未查出真相。

在美國，赫斯特、普立茲經營的黃色新聞（大眾報紙）定調緬因艦是被西班牙炸沉，登出大大的宣傳標語「勿忘緬因號」，煽動報復。國內在報紙的煽動下，輿論沸騰，反對戰爭的中西部大眾也都同聲一氣。「必須報復西班牙」的聲音傳遍全國。在這樣的輿論支持下，美國要求西班牙從古巴撤軍，遭西班牙拒絕後，便片面向西班牙宣戰，這便是**美西戰爭**。

戰爭開始後，美軍占領古巴與加勒比海的西班牙據點，另外也調遣香港的美國太平洋艦隊，攻擊西班牙的殖民地菲律賓，占領馬尼拉。美國在僅僅四個月的戰爭中，讓西班牙承認古巴獨立，任由自己支配，並且讓波多黎各成為自己的領地，成功使加勒比海成為其內海。又從西班牙得到關島、菲律賓群島，建立開拓亞洲的跳板。

併入戰略據點夏威夷

十九世紀末，美國在夏威夷動作頻頻，以取得美國海軍專用的煤碳補給基地和軍港。一八八七年，夏威夷王室發生政變，卡拉卡瓦王朝衰弱，美國籍的甘蔗栽培業者接受海軍陸戰隊的支援，建立親美的共和政權，要求與美國合併。一八九八年，美國在美西戰爭中，接受這個要求，併入夏威夷。於歐胡島南部的珍珠灣（曾經在這裡養殖珍珠，所以取了美麗的地名）建立海軍「據點」與煤碳補給基地。

美國一口氣成功地在加勒比海駐紮軍隊，並在太平洋的小島（主要為夏威夷、關島、菲律賓群島）分別設立「據點」（軍港與煤碳補給基地）。在日本急速伸展勢力的東亞海域（背後有英國的考量），美國隨後也跟上腳步。

對美國而言，接下來的要務是建設連結加勒比海與太平洋的巴拿馬運河。美西戰爭期間，奧勒岡號戰艦要從舊金山回航加勒比海時，必須繞過麥哲倫海峽，這段長達六十八天的航行，讓美國人深感建設巴拿馬運河的重要性。在東亞，甲午戰爭、日俄戰爭連戰皆捷，讓海權國日本快速成長，也是巴拿馬運河需要加快腳步的原因。

傾舉國之力建設巴拿馬運河

巴拿馬運河的建設，早在一八八一年就由法國人雷賽布設立的巴拿馬運河公司著手開發。但是工人翻山越嶺的建設運河，困難重重，再加上瘧疾、黃熱病等地方性疾病大流行，公司因而破產。

雷賽布從外交官退休後，接連失去愛妻與兒子，失意之中於一八六九年完成蘇伊士運河。第二年，他與二十一歲的女子再婚，一生共生了十二名子女。雷賽布為籌措巴拿馬運河公司的資金，積極發行可摸彩的債券來募集資金，賄賂多名有力的政治人物。後來他被揭發，以詐欺之嫌送司法審判，最後，在甲午戰爭開始的一八九四年，在精神錯亂的狀態下病死。

一九〇二年，美國以四百萬美元，從破產的巴拿馬運河公司買下運河建設的權利，向哥倫比亞政府辦理建設預定地的租借。一九〇三年，美國欲和哥倫比亞政府簽訂條約，接受「太平洋岸巴拿馬市到大西洋哥倫比亞」寬十六公里地區的轉讓，但是遭到哥倫比亞政府議會否決。

因此，美國派遣軍隊，協助不滿議會決定的地主造反，一九〇三年，協助巴拿馬脫離哥倫比亞獨立，納入保護國，當然，這一切都是為了推動運河建設。一九〇三年十一月，美國從巴拿馬共和國得到運河工程權、運河地帶的租借權。一九〇四年動工，集結全國之力，於十年後的一九一四年，完成全長達八十公里的閘門式**巴拿馬運河**。這是一條光是通過就需要足足二十四小時的大運河。而在運河完成的十八天前，第一次世界大戰爆發了。

巴拿馬運河如同工廠一般，建設了五道長三公里、寬三十三・五公尺的閘門，以越過有高低差的地峽。引導船隻進入閘門，利用灌水與排水讓船上下，因而需要大量的水。美國於是堵住查格雷斯河，製造出巨大的人工湖——加通湖，以利用其中的湖水。**巴拿馬運河的開航，讓**

紐約與舊金山之間的距離，比經由南美洲南端的時候，縮短了約一萬三千公里，減少了一半以上的航程。

從歷史解讀 76

二〇一六年，巴拿馬運河的寬度拓寬了，可以讓寬四十九公尺（以前是三十二・三公尺）的大型船通過，通過的貨物量提高到過去的三倍。相對的，有意與反美的委內瑞拉（推測石油蘊藏量世界第一）進行石油交易的中國，則由香港的企業家籌集資金，在尼加拉瓜建設寬與深都超過巴拿馬運河的尼加拉瓜運河，試圖建造不受美國干預的海上通道。但是二〇一四年動工，預計二〇一九年完工的尼加拉瓜運河，卻因為香港企業家持有的中國股票暴跌，損失慘重，於二〇一八年停止建設。

2 第一次世界大戰破壞了十九世紀的世界

德國進軍海洋

一八七〇年代展開的**第二次工業革命**，由於其技術革新與嶄新資金調度系統的發達、德國與美國實行的貿易保護，使**英國為首的自由貿易體制瓦解，史稱「不列顛治世」的絕對世界經濟體制開始動搖**。美國與德國以廉價勞力和關稅保護並培養產業，利用強大的技術革新超越英國工業。但是美、德在殖民地、勢力圈的取得，屬於後起勢力，並未撼動英國、法國、俄羅斯的優勢。

超越英國，成為歐洲第一大工業國的德國，考慮到海外殖民地的取得，是經濟成長不可或缺的元素，所以積極謀求從陸權轉型為海權。為挑戰英國的海洋秩序，德國透過給予船舶補助金、廢止船舶進口稅、免除造船材料進口稅，協助培植符合本國產業規模的海運業。

從歷史解讀77

在第二次工業革命的革新時期，後起的工業國因為節省了工業設備汰舊換新的過程，因此一口氣竄至上位。而英國的經濟成長率不斷下降，從一八六〇年代的三．六%，七〇年代的二．一%，到八〇年代的一．六%。相對的，從一八七〇年代到一九一四年之間，德國與美國的經濟成長率約達五%。

辭退俾斯麥，二十九歲即位的德意志**皇帝威廉二世，受到美國戰略家馬漢的強烈影響，提出新航線政策，目標在於轉型為海洋帝國**。德國的戰略為兩條並立：一、利用鋪設鐵路，將鄂圖曼帝國東邊地區納為殖民地；二、從波斯灣開拓印度洋。現在中國的「一帶一路」政策也是採取同樣的方式。利用鐵路這種強大的陸權侵略鄂圖曼帝國，透過創設革新式的海軍強化海權，進軍印度洋，一口氣強化陸權與海權，是一個意圖顛覆英國霸權的野心政策。

德國利用實質性軍事力的強化，來克服內陸國在地緣政治學上的不利。在現在中國的世界政策，前者就是「歐亞全境」，後者則是「南海、東海」、「西太平洋」。

從歷史解讀 78

德國海軍若想在世界擴散影響力，就必須**建設一條新運河**，從據點基爾海軍基地所在的**波羅的海，直接到達北海**。因此，在甲午戰爭時期，開鑿了連接波羅的海與北海的軍用運河（基爾運河）。結果，北海與波羅的海之間的距離，縮短了三百公里以上。基爾運河與蘇伊士運河、巴拿馬運河並稱世界三大運河，但它原本是軍用運河。在一八九五年運河的啟用典禮上，威廉二世演講提到：「德意志帝國的未來在海上」，可說是從陸權轉變為海權的宣言。

甲午戰爭、美西戰爭、德國基爾運河的建設，幾乎都發生在一八九〇年代的同一時期，由此可知，這是海洋世界的大轉變期。

造艦競賽與無畏號的建造

一八八九年，掌握海上霸權的英國，規定英國海軍原則上必須擁有世界第二大、第三大海軍國兩倍數量的海軍軍艦。這叫做兩強標準（The Two-Power Standard）。

面對這個狀態，**德國善用本國拿手的工業力，開始量產大型軍艦**。以鋼鐵船替換木造船，因為他們已經可以建造出前所未有的大型軍艦。

德國海軍大臣鐵必制（Alfred von Tirpitz）主張，必須建立強大的艦隊，讓敵方海軍感受「危險」。如果安裝射程距離長的大型砲，就能威脅英國舊式射程距離短的大艦隊，使其立刻失去作用。這麼一來，不僅是二強標準，英國的海洋霸權將立刻面臨崩毀的危機。英國陷入修昔底德的陷阱。

此舉引發了英國的危機感，因而設計出世界最大的無畏級戰艦（Dreadnought，與日本「弩級」戰艦相當），裝備射程距離長的主砲，試圖壓制德國。無畏級戰艦十分強大，攻擊力從過去相當於二隻戰艦的火力提高成三隻。德國也在一九〇七年之後，建設四艘同規模的軍艦。而英國又建造二萬噸以上，裝備三十四・三公分主砲的超弩級戰艦對抗。在第一次世界大戰開戰時，英德兩國擁有的弩級以上戰艦，英國有二十九艘，德國有十七艘。

從歷史解讀 79

現在第四次工業革命正在進行中，如機器人工學、人工智慧（AI）、量子電腦、物連網（IoT）等。此外，美中再次升高的新冷戰，在南海、台灣、東海等舞台展開，新型武器的開發競爭與軍備擴張（軍擴）仍在持續。十九世紀末，英國與德國的軍擴競爭引爆了第一次世界大戰。第二次世界大戰後的美國與蘇聯的冷戰，引起核武擴張，把人類無法應付的大量殺戮兵器、核武器散布到全世界。但是，沒趕上第三次工業革命的蘇聯最後自我毀滅，現在則是美中之間的軍備競賽。這次還加入了在日常生活場域的資訊戰、宣傳戰，展開「孫子兵法」裡的心理戰，被稱為「超限戰」。愚昧的對抗永遠會一再發生嗎？

3C政策與3B政策的激戰

威廉二世在一八九八年，訪問鄂圖曼帝國的首都伊斯坦堡，以免費建設為條件，取得橫貫鄂圖曼帝國領土、連結伊斯坦堡與巴格達的巴格達鐵路鋪設權。利用鐵路的陸權，德國將鄂圖曼帝國納入勢力範圍。

德國並趁此機會發布**鐵路為中心的3B政策，對抗英國的3C政策（連接埃及開羅、南非開普頓、印度加爾各答，以經過蘇伊士運河、好望角的兩條海上航線，支配印度洋的政策）**。藉由柏林經由拜占庭（伊斯坦堡）到巴格達的鐵路，占據優勢。此外德國想用短距離觸探印度洋策略，從巴格達的外港巴斯拉直接挺進波斯灣、印度洋，試圖顛覆印度洋的海上支配。

對於德國這些動作，英國過度反應，採取了傳統的外交手法——「權力平衡」對付德國。英國與法國和處於對立關係的心臟地帶俄羅斯締結同盟（**三國協約**），試圖孤立德國。

尤其是英與俄羅斯合作，在俄羅斯具影響力的巴爾幹半島上，利用斯拉夫民族反對德・奧入侵的行動，壓制德國的節節進逼。麥金德說：「控制東歐者，統治心藏地帶。控制心臟地帶者，統治全世界」，如同「以毒攻毒」這句話，英國與心臟地帶的俄羅斯合作了。巴爾幹半島素有「歐洲火藥庫之稱」，讓斯拉夫民族（俄羅斯）與日爾曼民族（德國）直接衝突，成為危機的焦點。

世界情勢的危機，因為一件意想不到的事件而爆發。一九一四年，一名塞爾維亞的年輕人，在波士尼亞首都塞拉耶佛暗殺了奧匈帝國皇太子夫妻。由於這起突發事件，塞爾維亞與奧匈帝國為了凶手的審判而對立，進而引發了**第一次世界大戰**（一九一四～一九一八）。

雖然歐洲是戰爭的主戰場，但是由於各宗主國動員殖民地的民眾，發展成全球規模。軍事技術的長足進步，開發出大量殺戮武器，形成**總體戰**。戰爭導致了德國、俄羅斯、奧匈、鄂圖曼四大帝國滅亡。西部戰線的主戰場法國、財政基礎薄弱的英國也因此衰退。歐洲本位的十九世紀型殖民地世界瞬間瓦解。

從歷史解讀 80

德國的3B政策因為第一次世界大戰戰敗而受挫，而紛爭的焦點——巴格達鐵路，由從鄂圖曼帝國獨立的各國接手，直到一九四〇年才大功告成。

3 轉型為海洋大國

因第一次世界大戰而完成進軍海洋的美國

第一次世界大戰一爆發，德國採取速戰速決打敗法國後，進攻俄羅斯的戰法（史里芬戰法）。德國依據地緣政治學，計算出短時間就能通過平坦的比利時，卻不料遭到比利時的抵抗，無法快速占領法國。另一方面，俄羅斯意外提早進入戰爭體制，因而德國必須同時應付東西兩個戰線，速戰速決的策略失敗了。

德國海軍是倉促成軍，因此士兵的訓練遠遠不及英國海軍，陷入苦戰，只能讓最新銳的潛水艦U艇走在最前面。

一九一五年，德國宣告「無限制潛艇政策」，將英國、愛爾蘭海域視為交戰區，進入該海域的船艦一律擊沉。但是美國向英、法補給軍需物資、糧食，國家利益會因這個政策而受損。因此美國以「無限制潛艇政策」違反海洋世界得以成立的「公海自由」原則，隨後宣布參戰。

一九一七年，俄羅斯發生二月革命、十月革命，俄羅斯帝國垮台，社會主義政權成立。第二年，俄羅斯與德國單獨議和。德國的東部戰線消除，處於優勢。但美國以U艇擊沉英國客輪盧西塔尼亞號事件（一九一五）為藉口，提出「無勝利的和平」參戰，手握戰爭的主導權。

從歷史解讀81

美國政府改變了過去對歐洲的孤立主義，向德國宣戰。當時，它以德國侵犯「公海的原則」作為參戰理由。一九一五年，距離愛爾蘭南部十五公里的公海上，英國籍客輪盧西塔尼亞號被擊沉，一千一百多名乘客死亡，許多美國的船客也在死亡名單中。但是實際上是因為英法向美國借貸了龐大的資金，美國擔心兩國戰敗才參戰。

美國總統威爾遜在議會提案，依據「和平的原則（**威爾遜的十四點和平原則**）」終結戰爭。其中也提出創設國際聯盟、民族自決，以及確立「公海自由」的原則。但是主張孤立外交的共和黨，強烈反對將這些提案納入凡爾賽和約中。共和黨占有多數的參議院否決了提議。在美國國內，民主黨的海權政策與共和黨門羅主義（孤立主義）政策，嚴重對立。

美國大商船隊現蹤

第一次世界大戰中，海上也展開總體戰，被擊沉的船隻合計約一千二百萬噸，軍方徵用的民間船隻約一千五百萬噸。因此，戰後全世界的運輸船隻不足。不定期航線的運費，一九一七年漲到第一世界大戰前的二十八倍。連日本的船公司都大賺一筆，出現了「船暴發戶」。

沒有成為直接戰場的美國，在一九一六年以後，美國海運委員會投入五千萬美元的資金，規劃振興造船、海運。一九一三年到一九一九年間，美國的外洋船建造成長了十三倍。

在美國，輸送大量軍需物資、糧食到歐洲的商船隊，呈現出突出的成長。第一次世界大戰中，用新造船組織緊急商船隊（emergency fleet）運輸了約九百萬噸物資。戰後商船隊的規模達到一千二百四十萬噸，超越英國。美國利用第一次世界大戰，培養出世界第一的大商船隊。

美國藉此機會轉型為海權。經歷世界大戰，誇稱歐洲最大海權的英國淪落為債務國，支配心臟地帶的俄羅斯帝國則因兩次革命而滅亡。美國因持有歐洲約一百億美元的債權，而成為世界最大的債權國。

第一次世界大戰後，美國發電與電機產業、汽車產業等興起，藉由連鎖商店促進了流通革命，藉由廣播帶動大眾文化的興盛，形成大眾消費社會。

增強自信心的美國人，把地球分成歐亞大陸為中心的「東半球」與美洲大陸為中心的「西半球」，認為相對於封建的舊社會，自己是實現人類理想的新社會。

也因為這種思想關係，**美國的外交很容易陷入美國基本上為「善」，視敵對勢力為「惡」的單純二元論傾向。**

用地緣政治學解讀第二次世界大戰

世界恐慌導致的世界政治、經濟無路可走，最後爆發的**第二次世界大戰，一開始是陸權與海權的戰爭。德國、俄羅斯、日本等資源匱乏的陸權國家，首先是經濟走到絕境，不得不訴諸於戰爭。**一九三一年，日本引發九一八事變，將滿洲（中國東北）占為殖民地，想要用開發和殖民度過經濟危機，到了一九三七年，引發中日戰爭。

一九三九年，德國的希特勒與心臟地帶的蘇聯獨裁者史達林，超越政治體制的迴異，締結**德蘇互不侵犯條約**，附屬文書的祕密協定中，**協議瓜分**曾為德、俄殖民地的**波蘭**。

兩國對波蘭發動攻擊，蘇聯更進一步侵略波羅的海三小國。

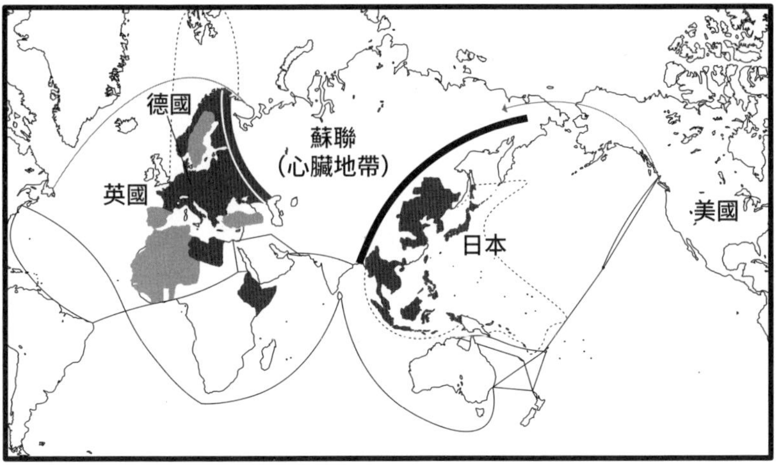

剛開始陸權占優勢的第二次世界大戰

資料：參考尼古拉斯・斯皮克曼的《和平的地理學》（芙蓉書房出版）製作

〈編注〉

＊1 陸地部分深色或灰色色塊是德國或日本直接、間接掌控的最大範圍。

＊2 海域的虛線部分是德國或日本掌控所及的最大範圍。

＊3 德國掌控領域東邊的白線與日本掌控領域西邊的黑色粗線，是德國、蘇聯、日本的陸權分隔示意圖。

＊4 原圖標題：德國與日本的最大擴大範圍（1931-1942）

將**波蘭**作為阻止德、俄侵略之**緩衝地帶**的英法兩國向德國宣戰，**第二次世界大戰**爆發。但是英法對心臟地帶的蘇聯只表示譴責，期待德蘇之間發生戰爭，見機將其納入己方陣營。

一九四〇年，慕尼黑大學的地理學教授暨地緣政治學者**豪斯霍弗爾**（Karl Haushofer），因曾以駐外武官的身分滯日，擁有多位日本外交官的知己好友，故而向日本外交官遊說陸權結盟。接受遊說的日本外相松岡洋右，前往柏林面見希特勒，又至莫斯科與史達林見面，最後，以美國為假想敵，簽訂**日德義三國同盟**和日蘇中立條約。

松岡認為，陸權的日德義三國結盟，又與控制心臟地帶的蘇聯連手的話，海權的美、英兩國就不敢對日本出手了。事實上，德國、蘇聯、日本等歐亞大陸的陸權聯合，別說是陸軍脆弱的英國，海權美國也不敢出手，陸權可說是立於不敗的優勢。

但是，**希特勒**卻犯了個外交上的低級錯誤，他為了占有心臟地帶蘇聯的石油，向蘇聯發動攻擊。希特勒站在大陸型地緣政治學的立場，把東歐、蘇聯視為德國的「**生存空間**」。希特勒以為「蘇聯武器老舊又貧弱，一個月就能讓它投降」、「若要打持久戰，就必須掌握蘇聯的石油」，與主張和蘇聯維持合作的外交大臣**里賓特洛甫**（Ulrich von Ribbentrop）對立。最後向蘇聯開戰，也就是一九四一年開始的**德蘇戰爭**（一九四一～一九四五）。

這導致歐洲的陸權聯盟分裂，陸權與拉攏史達林的海權之間，角力關係反轉過來。

英國、美國拉入心臟地帶的蘇聯，將陸權分割成「東」與「西」。在蘇聯成為民主主義陣營的一員，與法西斯作戰的同時，開始激烈的**反法西斯宣傳**。松岡外相想透過與德國、蘇聯共同合作，鞏固陸權支配世界體制的盤算功虧一簣。日本被英國、美國打上「反民主主義」、「法西斯」的烙印。

一九四一年，海權英、美抓準時機，開始反擊。同年，英國的邱吉爾與美國的小羅斯福在大西洋上召開會議，發表「**大西洋憲章**」，提倡反對領土擴張，變更領土必須經國民的同意、民族自決（但是英國殖民地不包含在內）、免於恐懼、不虞匱乏的自由、公海航行的自由等。目標是聯合民主勢力。

英國與美國接納過去的仇敵——蘇聯社會主義的史達林，把先前**海權與陸權的戰爭**替換為「**法西斯與民主主義的戰爭**」。當俄國受到納粹猛攻，面臨亡國危機時，美國從背後相助。陸權成了壞人，是罪大惡極的侵略者。

美國的國務卿赫爾（Cordell Hull）向日本提出**赫爾備忘錄**（除非日軍從中國撤退，否則不賣石油、鐵屑），向能源小國日本挑釁。美國總統小羅斯福希望打倒在中日戰爭陷入泥沼、兵疲馬困的日本，完成經濟進軍太平洋、中國的心願，成為海權的中心勢力，掌握霸權。

由於日本的石油必須自行調度，所以一九四一年四月，與蘇聯簽訂日蘇互不侵犯條約，同時遏止陸權蘇聯的侵略，並意圖掌控荷屬殖民地印尼巨港的油田。

決心與歐美列強開戰的日本，一九四一年十二月偷襲夏威夷的美軍據點珍珠灣，**引發太平洋戰爭**（一九四一～一九四五）。日本在大陸持續陸權主導的大消耗戰——中日戰爭，又在廣大的太平洋，與當時毫無損傷的美軍海權開戰，可說是地緣政治學絕對忌諱的鹵莽之舉。

當時，偏向陸權的日本軍部，並不了解海上作戰的基礎就是奪取網絡據點，無視武器、糧食、兵力的補充，一味擴大戰線。只能說，他這種偏離海權、不重視後勤的戰法，實在太草率了。

太平洋戰爭爆發後，依據三國同盟「加盟國與他國宣戰時，其他兩國必須一同宣戰」的規定，**德國、義大利也向美國宣戰**。美國在極為有利的條件下，成功加入歐洲戰局，它把對抗德國的戰爭委託給蘇聯，在快要終結時，領導「**第二戰線**」的組成。美國贏得了不可能輸的戰爭。是地緣政治學與戰略上的勝利。

戰後，史達林領導的蘇聯、蔣介石率領的中國，成為解救海權各國危機的陸權國家，因而成為聯合國安全理事會的常任理事國。

從歷史解讀 83

美國在珍珠港偷襲時損失慘重，但也領悟到船堅砲利的時代已經結束，進入空軍戰力的時代。因為軍艦再巨大，也無力反擊空中戰機的攻擊。因此，美國開始量產戰鬥機、轟炸機，研究雷達，大膽切換成以航母為中心的海軍。一旦墨守成規，大多無法從自己走過的痕跡中找到革新。珍珠港事件後，美軍與日軍的差異昭然若揭。

日本稻作的傳統蘊育出循環的思想，容易陷於「前例、成規」主義。因而對自己開創的「偉大變化」有無法打破的障礙。

4 美國對世界海洋的集中管理

絕對海權主導的新海洋系統

第二次世界大戰的**總體戰**，遠遠超越了第一次世界大戰，但是遠離歐亞大陸的美國未受到戰爭波及，在不斷提供各國武器、物質中，成長為**怪物國家**。

戰後，全世界百廢待舉，唯一幾乎未遭受戰火破壞的美國，在野心的戰略下，建立了維持全球性的和平體制，安坐管理者的地位。美國打破了十九世紀的殖民地體制，以本國**參議院為模型**，重整由聯合國等大小國家組成的國際秩序。

不論在經濟面和軍事面，美國都成為傲視天下的怪物，為了不讓第二次世界大戰那種悲慘的戰爭再度發生，必須由一個可帶來全球秩序與和平的國際組織，建立世界體系。以**關鍵貨幣美元與聯合國、核武器的獨占**建立起國際秩序。

一九四四年，二戰戰火中，美國在新罕布夏州的休閒地布列敦森林，召集同盟國家的代表，訂定美元為唯一可與黃金交換的世界關鍵貨幣。戰後美國看似無關緊要地提出戰略，而各國也都照單全收。這是因為各國的經濟已跌到谷底，每個國家都需要美國的支援。

此時建立的是全球規模的海洋秩序維持框架，足以消除過去各國為掌控海洋產生的紛爭，這個框架如下：

一、美國市場成為唯一的巨型市場，向各國開放，並且率先實行自由貿易。對戰後煩惱商品無處出口的各國而言，美國成了及時雨。但這也意味著，美國的工業產品、農產品會因為自由貿易而在全世界氾濫。

二、軍容壯盛、睥睨天下的美國海軍負責海洋秩序的維持，全面保護全世界的海上運輸。但是，這也表示美國海軍成為核心，與同盟國一起支配主要的海線（運輸航線）與咽喉點。

三、為了消弛競爭性貨幣貶值，穩定世界貨幣，訂定美元為唯一可兌換黃金的**關鍵貨幣**，將世界貨幣單一化，藉由**固定匯率制**以美元與各國貨幣串連。這表示美國握有全球性的貨幣發行權，各國貨幣都成為美元的分身。

四、撤除殖民地，以聯合國為中心組織各國，訂定安全理事會為聯合國最高決策機關，有權動用聯合軍。美國、英國、法國、蘇聯（現在的俄羅斯）、中國等五大國為常任理事國，擁有否決權，是運作安全理事會的組織。

美國打破十九世紀歐洲宗主國統治各自殖民地的殖民地體制，把整個世界重組為一個綜合體，開創單一的商業空間，讓企業可以自由地進行全球規模的經濟活動。而海洋世界的部分，也規劃從十九世紀為止的「**操控海洋**」，轉變為「**按規則管理海洋的體制**」。

總之，**美國建立了「植基於地緣政治學、超越對立的全球性國際秩序」，以「世界警察」、「管理國」的角色行使霸權，在世界各海域配備絕對的海軍、空軍與海軍陸戰隊。**

冷戰與海洋世界的分裂

第二次世界大戰，乃是海權美、英聯合史達林領導的心臟地帶蘇聯，與德、日對抗的戰爭。由於與德國直接戰爭的是蘇聯，因此美國總統羅斯福安排了雅爾達體制，承認東歐等為蘇聯的勢力範圍。

但是，因大戰而衰弱的西歐受到社會主義的威脅，自由主義體制面臨危機，因而在羅斯福總統去世，副總統杜魯門升任總統後，一九四五年，發表**杜魯門宣言**，軍事支援位於鄰近東歐的土耳其與希臘，轉向封鎖蘇聯。本來導致**戰後冷戰**的美蘇對立，也是包涵在第二次世界大戰當中。

「冷戰」是指美國與蘇聯未達實際戰爭、全球規模的軍事對立。一九四九年，由於蘇聯核爆實驗成功，美蘇兩國展開激烈的核武開發競賽，進而進入**全球規模的核武對立時代**。

之後，美蘇的對立，從地緣政治學來看，演進為海權（美國、西歐、日本）與陸權（蘇聯、東歐、中國）的全球性對立，在邊緣地帶接二連三的發動了韓戰、越戰、波斯灣戰爭、伊拉克戰爭、阿富汗戰爭等。

冷戰也變成了海權與海權的直接對決。

隔著北極海國境相連的美國與蘇聯以裝備核武的洲際彈道飛彈（ICBM）對峙，北極海配置了裝有核武的潛射彈道飛彈（SLBM）的核子動力潛艦，形成核武對決之海。而北極海東側出口的白令海峽，與歐洲出口的格陵蘭、愛爾蘭、大不列顛島之間的海域，成為了戰略上的重要海域。

到了一九七〇年代，世人漸漸了解核武戰爭的可怕，美蘇兩國轉變為管理各自陣營「核武」的體制，由於巨額軍事支出的重擔、遲緩的電腦開發，導致最終由海權國家贏得了冷戰的勝利。一九八九年，在美蘇**馬爾它峰會上，冷戰正式結束**。一九九一年，共產黨政變未遂，蘇聯垮台。

美國海洋霸權的確立

美國為了將廣大的邊緣地帶納入自己的影響下，全面利用與蘇聯的冷戰。經過韓戰、越南等，在世界設置五百個以上的軍事基地，建立了掌控世界主要海上交通線與咽喉點的體制。此外，投入龐大的國防預算，在重要海域配置強大的「航母打擊群」，打造史上最大的海洋帝國。

依循海洋規則管理世界海洋，需要無可匹敵的海軍力量。第二次世界大戰後美國海洋霸權的構想，整理歸納如下：

一、與英國協調，完全繼承英國的霸權體制。
二、把美元訂為唯一可兌換黃金的貨幣，成為依據固定匯率制的世界貨幣。
三、撤除保護關稅，推動自由貿易，有時實施制裁式的禁運措施。
四、擁護人權、民主主義。
五、打破十九世紀的殖民地體制，營造有利於美國企業的商務環境。關於這一點，蘇聯也認為有助於削弱其他資本主義國家。
六、聯合國安全理事會的常任理事國（美國、英國、法國、蘇聯、中國）主導世界政治，但是由於陸權的蘇聯、中國行使否決權而趨於無力。

亞洲方而，靠著美國強盛的海權，某種程度壓抑了日本與中國、日本與韓國、中國與越南的歷史仇怨和不信任感。但是，在各國民族主義膨脹的氛圍下，過去的歷史問題有明顯被政治利用的傾向。一旦美國沒有軍事介入，這種對立就會被表面化。各國的政治領袖應該考慮未來，相互實施合乎世界現狀、彼此共存的教育。美國前總統歐巴馬曾說「美國已經不再是世界警察」，川普前總統也表明，美國的財政有限，不得不採行「美國優先」的政策。

斯皮克曼的邊緣地帶理論

世界政治在從雅爾達體制轉變為冷戰的時期，出身荷蘭的記者，後來歸化美國的耶魯大學地理學教授尼古拉斯．斯皮克曼（一八九三～一九四三）於第二次世界大戰中寫作的《和平地理學》（*The Geography of the Peace*），成為美國對蘇戰略的基礎。

斯皮克曼把經由技術革新而高速化的航線稱為「高速公路」，他重視歐亞大陸的南緣，將從日本到英國呈弓狀擴散的國家群，命名為「邊緣地帶」（斯皮克曼自創名詞）。他主張與這些國家結盟，以這些同盟為跳板，擴大對內陸地區的影響力，才是美國安全保障的基本。換句話說，他認為美國是被大海包圍而孤立的陸權，與太平洋盡頭的亞洲、大西洋盡頭的歐洲遙遙相望。因此必須活用島國日本與英國，作為前進基地。

美國企圖藉著支配**邊緣地帶**與**陸緣海**，與心臟地帶對抗。斯皮克曼也說，把**空軍力的發達列入考量，「掌控邊緣地帶者掌控了世界的命運」**。他認為，邊緣地帶的爭奪戰是世界紛擾的原因，並向美國提出下列的基本戰略：

一、邊緣地帶各國必須成為美國同盟。

二、邊緣地帶國家的團結少了美國，會成為美國的威脅。

三、不可讓歐亞內陸國家支配邊緣地帶。

美國將斯皮克曼極力阻止歐亞陸權支配邊緣地帶的思考，置於戰略的軸心。韓戰、越戰、波斯灣戰爭、伊拉克戰爭等都是依循這個戰略作戰，美日同盟也定位在這個框架中。但是，冷戰結束、蘇聯垮台後，全球化經濟帶動經濟急速成長，中國在雷曼風暴後大幅成長，於二〇一三年提出「一帶一路」取代衰弱的俄羅斯，掌控心臟地帶，增強海權，展開進軍太平洋的野心戰略。

從歷史解讀 85

美國以全球規模發展海權，最大的問題在於需要莫大的維持經費。這筆經費是否由美國一國買單，美國國民能否接受這個做法，成為不時浮現的問題。全球化經濟下，美國國內的貧富差距明顯擴大，漸漸難以負擔龐大的軍費。但是，現在的海洋秩序是全球化經濟的基礎，已變成維持國際秩序、管理國際關係都植基於國際規則的形態。因此，如果支援國際規則的軍事體系衰弱，各處冒出任意自定規則的國家，國際經濟恐怕也會亂成一團。

海運的革新成為全球化經濟的基石

第二次世界大戰後，各國市場在全球規模下整合，製造業的生產規模擴大，海上運輸費用明顯降低之下，加強了跨國的合作關係。生產量激增的石油，成為世界經濟的能源，石油的運輸量為二戰前的八倍，占據海運貨物的一半一上。一九三七年到一九六四年，普通貨物的運輸量增加到兩倍，但石油運輸量卻增加到八倍之多。

一九七一年，尼克森衝擊引發的「美元危機」與第四次中東戰爭（一九七三）時，在中東產油國發動石油戰略引發的「石油危機」的加乘影響下，一九七〇年代以後，經濟快速地走向全球化。

一九九四年十二月，依據勞氏（Lloyd's Register）統計，石油液貨船有六千六百三十九艘，總噸數約一億四千五百萬噸，約占包含貨船、客船的所有船隻的三成。「石油之路」，成為世界經濟的大動脈。

一九七〇年代以後，歐美企業的工廠勞動力，轉向薪資便宜的亞洲，連帶開創全球規模的巨大物流。中南美洲、南美洲、東南亞、韓國等新興工業化國家，與先進工業國之間的海上運輸激增。

一旦開發中國家與先進工業國之間的貿易增加，不定期的航線推進到定期化，為運輸鐵礦砂等資源的大型專用船出現。鐵礦砂的運輸量在一九六〇年時超過一億噸，達到世界貨物運輸的兩成。

大量生產、大量消費的大眾消費社會擴展到全世界，**利用貨櫃（Container）的「流通革命」**

隨之世界化，就如同生鮮食品以冷鏈（低溫物流）的方式運輸所呈現的，世界各地的食材都能出現在餐桌上。

改變海權的貨櫃革命

海上運輸中，大量運輸的最大瓶頸，在於仰賴人力的裝卸作業會推高運輸成本。而貨櫃革命與貨櫃船的普及，一舉解決了這個問題。貨櫃指的是為貨物組裝化製造的運輸容器。仔細想想，貨櫃運輸難度並不高，不過是將運輸品塞滿在一定規格的貨櫃中，接著像堆積木一樣，積載到船隻、飛機、卡車上運送。

貨櫃讓裝卸作業標準化、機械化，就可以把由人力進行的裝卸機械化，以極低的成本高速運輸。最近，用電腦控制大型無人貨櫃碼頭已十分常見。馬克・萊文森（Marc Levinson）在《貨櫃與航運》中指出貨櫃運輸的大規模化：

> 現代的貨櫃港，是一種工廠……停靠在碼頭或棧橋泊位（berth）的是全長超過三百公尺、

寬應該也有四十公尺的超大型貨櫃專用船。世界頂級的港口，擁有二十至三十個這種規模的碼頭。船上甲板可以看得到整齊並排的貨櫃。紅、藍、綠、銀色的貨櫃排成十五至二十行，而且每行都堆積了六、七層。甲板下面，還有六至八層塞滿了整個船倉……堆滿十萬噸量的衣料、家電的貨櫃船，從香港繞過好望角到達德國，需要航行三星期，但是其中動員的人員卻只有二十人。

一九六〇年代後期開始，由於貨櫃運輸普及世界，支持全球化經濟的運輸革命（**貨櫃革命**）也快速進行，低價大量的物資流竄全球。不要一天工夫，貨櫃船卸下數千個貨櫃，再堆積數千個貨櫃，繼續駛向世界海。

前面已經說過，進入一九七〇年代，尼克森衝擊導致美元成為不可兌換的紙幣（**美元危機**）與第四次中東戰爭引發石油價格暴漲（**石油危機**）同時進行，停滯性通貨膨脹（高物價的不景氣）更加嚴重。

這段期間，企業競相利用亞洲的廉價勞動力，也發展多國籍化，世界的經濟快速又激烈地變動，轉向全球化經濟。韓國、台灣、新加坡、巴西、墨西哥等都轉型為新興工業化國家。

到了一九八〇年代後半，在製造業方面，將生產、庫存、運輸管理一貫化作業的物流逐漸普及，零件調度的範圍擴及全球，即使是零售業，也建立起網路與貨櫃運輸組合的供應鏈。換句話說，貨櫃的內容大多換成了工廠取向的半成品、零件；廉價、大規模的海上運輸也納入產品製造的程序中，零售商品的調度，也開始仰賴海上運輸的網絡。

因應這種需求，海洋也進入統一管理的時代。海洋的網絡化遍布各地。為操控海域的軍事對立已跟不上時代，成為全球化經濟的一大阻礙因素。《貨櫃與航運》中提到，現在，只有連接太平洋與印度洋的麻六甲海峽，因岩礁、淺灘多、船隻可通過的幅度窄，限制了貨櫃船的規模。如果排除這種地理性限制的話，讓全長四百公尺、寬六十公尺的貨櫃船也可以通行的話。這種船運載的貨櫃，能讓在碼頭上等待卸貨的貨櫃車，排成超過一百公里長的車隊。由此可想像，貨櫃革命波及的規模之大。貨櫃革命現在仍在進行中，人們追求的世界海洋已從「操控」的空間，變成「管理」的空間了。

其實，從美國海軍保護海上運輸中，得到最多利益的，是從文化大革命後物資極度缺乏的狀況，經過奇跡式的經濟大躍進，成為「世界工廠」的中國。

5 反叛國際海洋秩序的中國

從國際海洋秩序中得到最大利益的中國

一九八〇年代以後，在「改革開放政策下」，搭上全球化經濟浪潮的陸權中國，靠著美國等世界企業的大規模投資，達成了奇跡式的經濟成長，世人因而稱之為「世界的工廠」。

但是，承接自封建清帝國的中國，處在貧困農村地帶與過去遊牧地帶複合的狀態，所以，社會想要走向現代化並不容易。它繼承了陸權清帝國的領域與社會制度，在軍閥與國民黨軍、共產黨軍（後來的人民解放軍）陸上混戰後，最終由共產黨掌握了權力。由於是接受了統治心臟地帶的蘇聯支援，所以中國是紮紮實實的陸權。

中華人民共和國建國之後，推行大躍進、文化大革命，但都以失敗告終，無法脫離貧困的狀態。毛澤東死後成為掌權者的鄧小平，搭上當時的經濟全球化浪潮，仿效新加坡，在沿海地帶建立「經濟特區」，招攬美國、日本等地的企業，經濟步上復元的軌道。

尤其是一八九〇年代以後，美國把追求開拓中國市場視為世界政策，廉價的薪資只有歐美的十分之一是中國的魅力所在。美國投入資本、進行技術轉移，謀求承包化，甚至出現了「CHIMERICA」（中美共同體）這樣的名詞。

到了一九九〇年代，蘇聯垮台。相反的，中國由於外資的導入達成了經濟復興。經過天安門事件穩住共產黨獨裁體制的中國，提出「社會主義市場經濟」的方針，引進資本主義經濟，讓經濟順利成長。

領土比日本面積大四十五倍的俄羅斯，由於烏克蘭、哈薩克等獨立，成為人口只比日本多約二千萬人的一般國家，GDP也大約和韓國不相上下。

二〇〇八年，發生雷曼風暴，世界經濟陷入大蕭條。中國共產黨投入四兆人民幣（按當時的匯率約五十七兆日圓），積極在內陸地區建設高速公路、高速鐵路等大規模的基礎建設，集合世界剩餘資本，達成奇跡式的經濟成長。二〇一〇年更超越日本，GDP高居世界第二位。

倚靠高速鐵路、高速公路，陸權上升的「一帶一路」

因此，習近平政權期望透過連結中國與歐洲的「一帶一路」（終究仍以陸地的「一帶」為中心）政策，讓高速鐵路、高速公路的卡車運輸橫越歐亞大陸，取代衰退的俄羅斯，獲得歐亞大陸心臟地帶的霸權。離經濟成長卓著的亞洲遙遠的德國等歐洲國家，也顯示強烈的關注。利用俄羅斯與中亞經濟的低迷，推動歐亞大陸一體化的「一帶一路」，就如同蒙古帝國曾經走過的路，吸引了歐洲的目光。

「一帶一路」政策是二〇一四年，在北京舉辦的亞太經濟合作會議（APEC）領袖會議中，中國共產黨總書記習近平大力倡導建設「絲路經濟帶」的構想。掌控心臟地帶的俄羅斯是否願意把霸權讓給中國是一大關鍵，但是俄羅斯已成為依賴石油、天然氣的資源國，失去往年的雄風，他們也期望中國錢的流入，因此對「一帶一路」保持觀望態度。

從歷史解讀86

陸權中國向日本學習利用高速鐵路，形成廣域運輸網路，引進美國汽車網，化為強化陸權最大的武器。中國也以雲南省昆明為起點，建設了三條通往東南亞的鐵路：一、途經緬甸的曼德勒、仰光，到泰國曼谷的鐵路；二、途經寮國的永珍到達曼谷的鐵路；三、途經越南的河內、胡志明市、柬埔寨的金邊，到達曼谷的鐵路。最終的目標是建設從曼谷南下中南半島，到達新加坡的鐵路。這個事實說明了中國是個陸權國家。

中國擔憂的麻六甲困境

有了美國無人能及的海軍力量維持海洋秩序，所有國家才能自由航行在世界海洋通商路。貨櫃革命帶動世界貿易量激增，全球化經濟也有了顯著的成長。如前所述，從中得到最大益處的，正是成為世界最大出口國的中國。但是想利用「一帶一路」政策，瞄準世界霸權的中國，對美國海洋秩序扼住中國經濟咽喉而感到擔憂。

變身為「世界工廠」的中國，利用出口得到的巨額美元外匯，集中向世界投資，增加在世界上的影響力。如前所述，靠著二〇〇八年雷曼風暴之後的大規模投資，中國的GDP在二〇一〇年超越了日本。

但是，中國雖以經濟成長率高達十％的驚異節奏推進工業化，農村的民眾依然一窮二白，國內市場小，沿海都市生產的工業產品出口依賴度依然高居不下。此外，能量來源的石油也仰賴國外，因而也是世界最大的石油進口國。

中國進口的石油，有七成產自中東，必須通過美國與其同盟國管理的麻六甲海峽，如果麻六甲海峽被封鎖，將會造成難以估計的打擊。因此確保波斯灣、非洲經由麻六甲海峽的安全石油路線，成為一大問題。二〇一七年，敵視中國共產黨的美國共和黨候選人川普，就任美國總統，海洋地緣政治學，就成為中國必須面對的大問題。

從歷史解讀 87

中國進口的大部分石油和中國出口產品，約有三分之一通過麻六甲海峽。對麻六甲海峽依賴度太高，一直是中國共產黨政權頭痛之源，名為「麻六甲困境」。如果波斯灣的咽喉點荷姆茲海峽被封閉，將成為極大麻煩。

因此，中國將石油的進口國多角化，向俄羅斯、委內瑞拉等採購石油，將石油從巴基斯坦西部的瓜達爾港，經由阿富汗運入中國，又在面對孟加拉灣的緬甸皎漂港，與雲南省昆明之間建設輸油管等。不得不思考安全供應石油的各種方略，是中國源於陸權國家的煩惱。

劉清華設定兩條「島鏈」

另一方面，調整為改革開放政策後，過去以陸軍為主力的中國，著手建設海軍，以及基於海洋地緣政治學的防衛體制。

如前所述，中國在軍閥、國民黨、共產黨的武力鬥爭下建國，是典型的陸權國家。因此，建國之初，只有沿海警備隊等級的防衛體制。天安門事件時，人民解放軍劉清華（後來被譽為「中國近代海軍之父」）率領部隊鎮壓有功，鄧小平拔擢他為海軍司令員，命他從事正式的海軍建設。

劉清華一如美國馬漢，抱持海權的戰略思想（但本人表示並不是西洋帝國主義馬漢的信仰

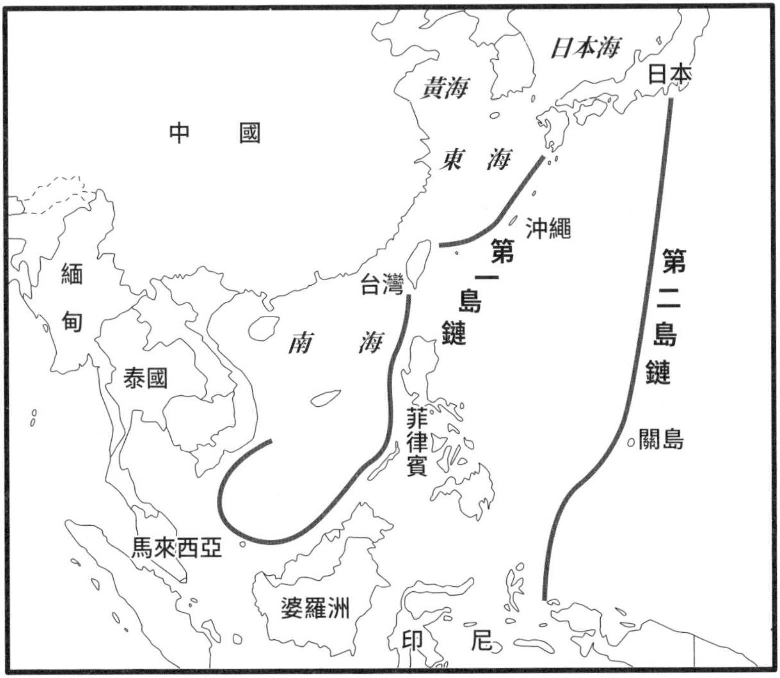

第一、第二島鏈

資料：參考彼得．納瓦羅《美、中開戰的起點》一書製作

者），他認為中國需要真正的海軍，才能保護國際通商路線。

他創設了外洋型的現代海軍，畫出第一、第二島鏈，構思建立排除美國海軍的戰略性防禦體制。兩條島鏈線如下：

第一島鏈：連結九州、沖繩、台灣（最重要的戰略據點）、呂宋海峽、菲律賓群島、婆羅洲的戰略線。

第二島鏈：連結日本列島中央、塞班、關島（重要的中心據點）、帛琉、巴布亞新幾內亞的戰略線。

第一島鏈內側，為中國的「海」，當有事發生時，此海域可排除美國海軍。南海、台灣、釣魚台列嶼等都包含在內。其中，台灣被定位為最重要的據點。由於清帝國曾將它納入領土，因而中國視為「核心利益」。

第二島鏈為發生事件時，美國航母打擊群的阻止線。太平洋戰爭之際，失去制海權與制空權的日本，受到從太平洋上的塞班島、天寧島起飛的美國 B29 轟炸機的轟炸，受到毀滅性的打擊，因而將之運用在第二島鏈的設定。此處，中國設定的大敵，是配備美軍戰略轟炸機的關島安德森空軍基地。

從歷史解讀88

如前所述，現代的海洋世界，已成為依據國際法，進行半自動「管理」的海洋。而中國還是按照第二次世界大戰前掌控海洋的思想，將南海、東海等公海，與台灣之間的台灣海峽視為本國的「海洋國土」，因而與周邊各國之間引發強烈摩擦。

將南海九成設為經濟海域的輕率嘗試

在沒有強大對抗勢力的南海，中國蠻橫地擴大了經濟海域。中國將過去中華民國設定的、包圍南海的「十一段線」（一九三三年，法國派軍占領當時中華民國政府主張領有權的南海南沙群島、西沙群島時所主張的領土範圍），去掉兩條線，變成「九段線」（越南稱為牛吞線，因為把虛線連起來像一個巨大的牛舌）。主要線中的南海（幾乎整個南海）為中國的「海洋國土」。中國陸續在該海域填平珊瑚礁，片面地建設軍事要塞。這種完全無視公海原則的行為，遭到東亞、東南亞各國的強烈抗議。

過去美軍在菲律賓設立了強大的蘇比克海軍基地，因此，中國不敢輕舉妄動。可是，一九九二年，美國海軍認為各國已依據國際法，遵守海洋秩序，因而從菲律賓撤退。同年，中國制定「中國領海法」為國內法之一，而且優先於國際條約，因此片面宣告，釣魚台列嶼、南沙群島、西沙群島都是中國領土的一部分。中國承認在該海域的非軍事船隻「**無害通過**」（在不妨礙沿海國家的和平、秩序與安全的條件下，外國船艦可以在無事前通知下航行領海的權利），但軍用船隻（由中國當局判斷）的航行需獲得許可。這麼一來，中國當局就可以依判斷限制該海域的航行，實質上破壞了海洋世界習慣的無害通航原則。

從歷史解讀 89

中國歷史上，雖有王朝關係，但沒有國與國間的關係，更是沒有現代國際外交系統等，因此國際法在國內有遭到輕視的明顯傾向。中華思想多認為在「中華土地」訂定的國內法，優先於「夷狄之地」的國際法。以中國的立場來看，基於「航行之自由」的國際海洋法秩序，只不過是西歐的價值觀。

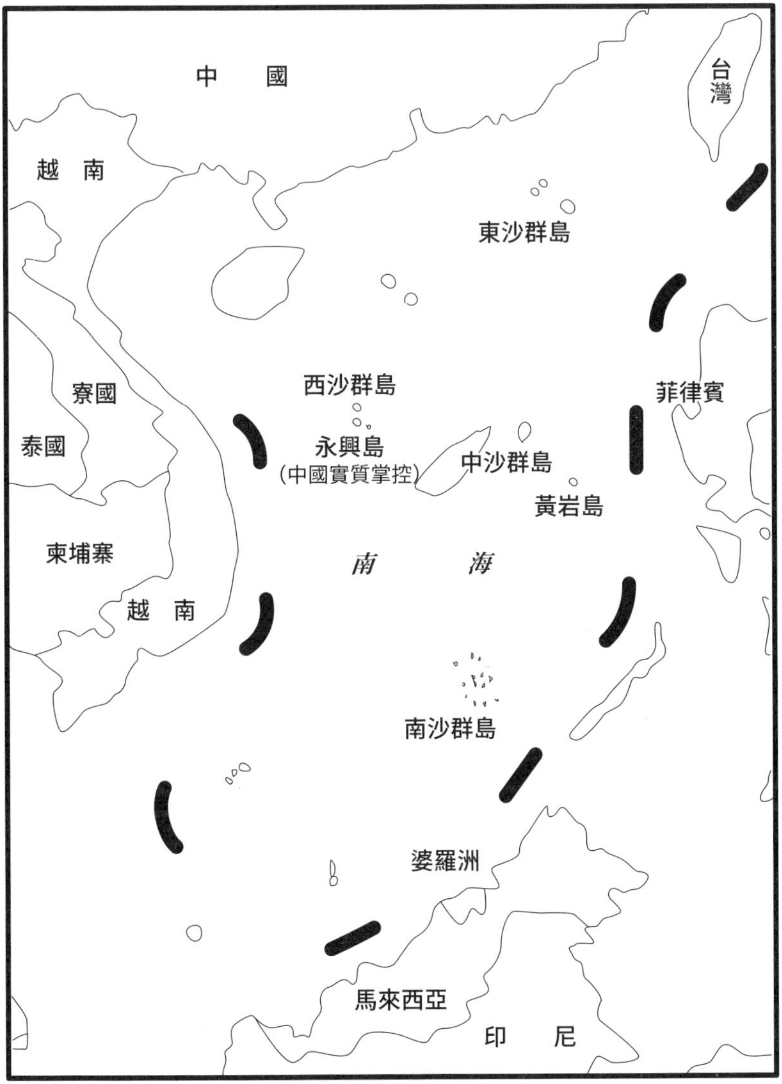

九段線圖（黑色粗線）
資料：參考北村淳《美軍幹部學習的最強地緣政治學》（寶島社）製作

中國用疏浚船與推土機，強行掩埋珊瑚礁，將南海圍起來視為領土。對此，美國稱之為「沙堡長城」，採取忽略的立場。

二〇一三年，菲律賓在荷蘭海牙的常設仲裁法院，對這個問題提起訴訟。常設仲裁法庭認為菲律賓的主張正確，二〇一六年下達判決：中國基於「九段線」支配南海「於國際法上沒有法源根據，違反國際法」。但是中國拒不接受，並不想改變將南海這片「公海中的公海」包圍為領土的強硬做法（可以算是陸權的做法）。

6 南海、台灣、釣魚台的紛爭

中華民族主義對抗聯合國海洋法公約

第二次世界大戰後，石油、天然氣需求增加，各國紛紛探勘、開發海底石油、天然氣資源，海底資源的問題，在海洋世界引發新的對立。海洋世界的性質改變了。

在二十世紀前半以前，海洋世界是以貿易為中心，人們將海洋視為公共財產（公海）。英國、美國等維持海洋秩序，認為海洋是共存共榮的空間。另外，他們開放手中控制的港口、咽喉點，製作的海圖也盡可能低價出售，支持國際貿易的發展。

但是，石油等的海底資源帶來了改變。事端起於美國。一九四五年，美國因為在近海墨西哥灣發現海底油田，企業遊說政治人物擴張公海，包圍資源，爭先恐後地開發，到了難以收拾的地步。美國政府一方面協助開發油田，但也限制過度開發，於是宣告將領海擴張到十二海里（二十二．二二四公里）。

這個動作引起全球性的漁業資源、石油天然氣等的開發競爭。各國紛紛主張「大陸棚不算公海，應排除在外」、「繼續擴大領海」。

貪婪的利權爭奪很難排解。主張各國擁有超越領海之資源管理權限愈是強烈，愈是難以收拾。一九八二年，在牙買加召開第三次聯合國海洋法會議時，各國不厭其煩地進行困難的利害調整。終於挑選出三百二十條項組成的**聯合國海洋法公約（UNCLOS），保護公海與海洋秩序**。現在這份公約被視為「海洋憲法」，得到包含中國的一百六十八國、地區和歐盟的批准通過。

美國有海底資源問題，卻未批准該公約，不過他們將其視為習慣國際法，認同海底資源之外的規定。公約將世界海域區分為三，整理如下：

一、領海，為沿岸國主權（海上、海中、海底、上空）所及的海域，應為海岸線十二海里以內。

二、**毗連區**，為領海與「經濟海域」之間的十二海里。

三、**經濟海域**，自海岸線二百海里（約三百七十公里）以內（占世界海洋的三分之一）。

此處需就「經濟海域」加以說明。經濟海域有以下規定：

一、沿岸國有管理漁業與海底資源的權限。

二、同時，也是中間性海域，保障他國船（包含軍用船）航行、上空飛行、海底電纜的鋪設、油管鋪設等的自由。

經濟海域外的海，為**公海，是人類的公共財產**。藉此公約，總算保住廣大海域維持「公海」的原則。

陸權中國瞄準南海、東海的資源與海面

然而，當美國公開了調查結果，宣布南海、東海釣魚台列嶼周邊海域，埋藏了豐富的石油後，中國於一九九二年制定國內法的領海法，聲稱南海為「海洋國土」。這片海域是世界最佳漁場之一，從歷史上來看，也是「公海中的公海」，但中國依據自己訂定的國內法，就強行包圍南海了。南海排在太平洋、大西洋、印度洋、南極海、北極海之後，是**世界第六大海洋**，航行世界的船隻，有**三分之一會經過**這個海域。以歷史的角度，它是連貫印度洋的貿易之海。以陸權形成歷史的國家蠻橫圍住這個海域，會令世界情勢出現動蕩。

中國作為論證的，只有前述一九三三年法軍占領南海諸島時，中華民國主張領有權的地圖上所畫的十一段線（一九四七年，中華民國政府發行的地圖改為九段線），其他沒有任何根據。這條如同牛舌的九段線，實際上包圍了九成的南海。

九段線中也包含了印尼的經濟海域、預估埋藏量約一兆三千億立力公尺的東納土納油氣田（距離中國一千六百公里），中國於一九九二年畫的地圖中，這片油氣田也屬於中國領地。

將經濟海域視為領海的主張

不只如此，中國與別國不同，他們不區別經濟海域與領海，即使是經濟海域，也不允許他國船隻航行自由和飛機上空通過的自由，是一種實質性的擴大領海的主張。

但是，**各國如果也以相同的立場，將占有世界海洋三分之一的「經濟海域」當作領海的話，公海將瞬間縮小。**

文化大革命後，中國經濟能夠華麗復興也是靠著全球化經濟的規則。因此中國否定了這段過程，令人疑惑。國內法的領海法和「國家主權」，不能成為片面改變國際規則的論據。

中國稟持本國中心主義，占有南海、東海等世界最豐饒的國際通商航道，將占有世界海洋三分之一的經濟海域變為各國的領海，根本性改變了海洋世界的秩序。這種規則不是單一國家可以任意改變的。因此，為了保護自由而開放的印度洋、太平洋，美國、日本、澳洲、英國、法國、東南亞各國等不得不團結起來與之對抗。

從歷史解讀⑨⓪

南海連結麻六甲海峽，是印度洋的玄關。戰略上十分重要的南海，是三分之一世界運輸船的必經路線，乃是「公海中的公海」。現在輸送到日本、韓國的石油，大半會從南海通過。如果中國可以限制南海的航行，從這條航線運輸中東石油的日本、韓國經濟，將被中國所把持

台灣、釣魚台的攻防

連貫南海與東海、位於第一島鏈中央的咽喉點——台灣海峽，與海峽和太平洋之間的台灣，是地緣政治學上的要衝。中國將台灣定位為清帝國—中華民國—國民黨（蔣介石軍）與共產黨內戰一脈相承的延長線上，主張共產黨與國民黨為統一中國發動的對抗，在蔣介石軍戰敗後，自然應由共產黨接收統治台灣（「一個中國」論）。但是，清朝是農業世界與遊牧世界的複合帝國，並不是近代國家，孫文等發動「滅滿興漢」民族運動的擴散，就說明了這一點。

此外，經由辛亥革命成立中華民國後，軍閥割據，內戰連綿不斷，根本無法稱為國家。台灣雖一時為蔣介石軍所占領，但追求自立的聲浪升高。一九九六年以民主的形式舉行總統直選，便可看出台灣以選舉選擇了民主國家這條路。

中國自鴉片戰爭以後，維持了一百年中華民族屈辱的歷史，主張台灣是唯一尚未光復的最後領土。但是，從世界史的看法並不認為清帝國征服的廣大地區必須永世為中國所保有。在世界歷史上，帝國瓦解之際，領域重劃的例子是很常見的。

東海的西南邊（距離石垣島一百五十公里）的釣魚台列嶼，是東海到太平洋之間的宮古海峽附近的島嶼，太平洋戰爭時島上有古賀村，居住了二百餘名日本人，但因為經濟的原因，村民離開島上。現在是日本實權管理的島。對此，台灣、中國主張一九一七年以後具領有權，日本則主張有先占權。

這個島之所以成為爭議焦點，是因為一九六八年，在釣魚台附近進行海底調查，發現島嶼周圍可能埋藏著大量的石油和天然氣。這則新聞發布後，中國便開始主張該島的領有權。

中國海警局的公務船頻頻闖入日本領海內，宛如大陸陸權國家的游擊戰一般，一再向國際宣傳其為「本國領海」，不遺餘力地為奪取該島預作準備。中國在奪取菲律賓經濟海域中位於南海的黃岩島時，輪流派遣民間漁船、武裝民兵前往該島，採取包圍式的包心菜戰法（各種民間船隻、武裝船三番兩次包圍紛爭地的戰法）。當時，菲律賓向常設仲裁法院提出訴訟，得到中國九段線主張無效的判決。

我們不妨回想，明朝永樂帝為了主張蒙古高原的領有權，晚年迴避與蒙古軍交戰，但仍五次遠征蒙古，最後病死在蒙古高原的歷史。中國對於海洋的戰法，顯然是繼承了陸權的歷史。執著於目標的領土（地區、島），對手強大時退縮，對手表現軟弱時就進攻，施展一切手段找麻煩、奪取目標物，這是幾世紀前的陸權做法，無法為現在的海洋世界所認同。

現在，南海與東海化為「軍事對立之海」，其中咽喉點所在的台灣海峽、戰略要地台灣、接近宮古海峽的釣魚台列嶼，成為世界海權與陸權對立的焦點，也被推到了情報戰與宣傳戰的最前線。

参考文献

合田昌史『マゼラン——世界分割を体現した航海者』京都大学学術出版会（2006年）
青木康征『コロンブス——大航海時代の起業家』中公新書（1989年）
秋田茂編『パクス・ブリタニカとイギリス帝国』ミネルヴァ書房（2004年）
浅田実『商業革命と東インド貿易』法律文化社（1984年）
アリステア・マクリーン『キャプテン・クックの航海』越智道雄訳、早川書房（1982年）
アルフレッド・マハン『マハン海上権力論集』麻田貞雄編・訳、講談社学術文庫（2010年）
飯島幸人『大航海時代の風雲児たち』成山堂書店（1995年）
飯島幸人『航海技術の歴史物語——帆船から人工衛星まで』成山堂書店（2002年）
生田滋『ヴァスコ・ダ・ガマ——東洋の扉を開く』原書房（1992年）
イブン・ハルドゥーン『歴史序説』森本公誠訳、岩波文庫（2001年）
イブン・フルダーズベ『道里邦国志（諸道と諸国の書）』宋硯訳、中華書局（1991年）
ウィリアム・バーンスタイン『華麗なる交易—貿易は世界をどう変えたか』鬼澤忍訳、日本経済新聞出版（2010年）
M・N・ピアスン『ポルトガルとインド——中世グジャラートの商人と支配者』生田滋訳、岩波現代選書（1984年）
エリザベス・アボット『砂糖の歴史』樋口幸子訳、河出書房新社（2011年）
L・パガーニ『プトレマイオス世界図——大航海時代への序章』竹内啓一訳、岩波書店（1978年）

大西晴樹『海洋貿易とイギリス革命――新興貿易商人の宗教と自由』法政大学出版局（2019年）
岡崎久彦『繁栄と衰退と――オランダ史に日本が見える』文春文庫（1999年）
奥山司『地政学』新星出版社（2020年）
金七紀男『エンリケ航海王子――大航海時代の先駆者とその時代』刀水書房（2004年）
栗田伸子／佐藤育子『通商国家カルタゴ』講談社学術文庫（2016年）
黒田英雄『世界海運史』成山堂書店（1972年）
薩摩真介『〈海賊〉の大英帝国――掠奪と交易の四百年史』講談社選書メチエ（2018年）
佐藤圭四郎『イスラーム商業史の研究』同朋社（1981年）
色摩力夫『アメリゴ・ヴェスプッチ――謎の航海者の軌跡』中公新書（1993年）
ジェイソン・シャーマン《弱者》の帝国――ヨーロッパ拡大の実態と新世界秩序の創造』矢吹啓訳、中央公論新社（2021年）
ジェイムズ・スタヴリディス『海の地政学』北川知子訳、早川書房（2017年）
ジャネット・L・アブー＝ルゴド『ヨーロッパ覇権以前――もうひとつの世界システム』佐藤次高／斯波義信／高山博／三浦徹訳、岩波書店（2001年）
杉田弘毅『「ポスト・グローバル時代」の地政学』新潮選書（2017年）
杉山正明『クビライの挑戦――モンゴル海上帝国への道』朝日新聞社（1995年）
田口一夫『ニシンが築いた国オランダ――海の技術史を読む』成山堂書店（2002年）
竹田いさみ『海の地政学――覇権をめぐる400年史』中公新書（2019年）
W・H マクニール『疫病と世界史』佐々木昭夫訳、新潮社（1985年）

玉木俊明『海洋帝国興隆史――ヨーロッパ・海・近代世界システム』講談社選書メチエ（2014年）
デーヴァ・ノベル『経度への挑戦――一秒にかけた四百年』藤井留美訳、翔泳社（1997年）
デーヴィッド・マカルー『海と海をつなぐ道――パナマ運河建設史』鈴木主税訳、フジ出版社（1986年）
永積昭『オランダ東インド会社』講談社学術文庫（2000年）
中村拓『御朱印船航海図』日本学術振興会（1979年）
ニコラス・スパイクマン『平和の地政学――アメリカ世界戦略の原点』奥山真司訳、芙蓉書房出版（2008年）
ニコラス・スパイクマン『スパイクマン地政学「世界政治と米国の戦略」』渡邊公太訳、芙蓉書房出版（2017年）
ハルフォード・マッキンダー『マッキンダーの地政学――デモクラシーの理想と現実』曽村保信訳、原書房（2008年）
ピーター・ナヴァロ『米中もし戦わば――戦争の地政学』赤根洋子訳、文藝春秋（2016年）
フィリップ・カーティン『異文化間交易の世界史』田村愛理／山影進／中堂幸政訳、NTT出版（2002年）
藤本勝次『海のシルクロード――絹・香料・陶磁器』大阪書籍（1982年）
藤本勝次訳註『シナ・インド物語』関西大学出版・広報部（1976年）
ブライアン・レイヴァリ『航海の歴史――探検・海戦・貿易の四千年史』千葉喜久枝訳、創元社（2015年）
ボイエス・ペンローズ『大航海時代――旅と発見の二世紀』荒尾克巳訳、筑摩書房（1985年）

マルク・レビンソン『コンテナ物語――世界を変えたのは「箱」の発明だった』村井章子訳、日経BP（2007年）
宮崎正勝『イスラム・ネットワーク――アッバース朝がつなげた世界』講談社選書メチエ（1994年）
宮崎正勝『鄭和の南海大遠征――永楽帝の世界秩序再編』中公新書（1997年）
宮崎正勝『ジパング伝説――コロンブスを誘った黄金の島』中公新書（2000年）
宮崎正勝『海からの世界史』角川選書（2005年）
宮崎正勝『黄金の島ジパング伝説』吉川弘文館（2007年）
宮崎正勝『世界史の誕生とイスラーム』原書房（2009年）
宮崎正勝『風が変えた世界史―モンスーン・偏西風・砂漠』原書房（2011年）
宮崎正勝『海図の世界史――「海上の道」が歴史を変えた』新潮選書（2012年）
宮崎正勝『北からの世界史――柔らかい黄金と北極海航路』原書房（2013年）
宮崎正勝『「海国」日本の歴史――世界の海から見る日本』原書房（2016年）
元綱数道『幕末の蒸気船物語』成山堂書店（2004年）
森本哲郎『ある通商国家の興亡―カルタゴの遺書』PHP文庫（1993年）
家島彦一『海域から見た歴史――インド洋と地中海を結ぶ交流史』名古屋大学出版会（2006年）
横井勝彦『アジアの海の大英帝国――8世紀海洋支配の構図』同文舘出版（1988年）
横井勝彦『大英帝国の〈死の商人〉』講談社選書メチエ（1997年）
ワクセル『ベーリングの大探検』平林広人訳、石崎書店（1955年）

海洋地緣政治入門：世界史視野下的海權爭霸

覇権の流れがわかる！海洋の地政学

作　　者——宮崎正勝
譯　　者——陳嫺若
封面設計——江孟達
內文設計——劉好音
責任編輯——劉文駿
行銷業務——王綬晨、邱紹溢
行銷企劃——曾志傑、劉文雅
副總編輯——張海靜
總 編 輯——王思迅
發 行 人——蘇拾平
出　　版——如果出版
發　　行——大雁出版基地
地　　址——台北市松山區復興北路 333 號 11 樓之 4
電　　話——（02）2718-2001
傳　　真——（02）2718-1258
讀者傳真服務—（02）2718-1258
讀者服務 E-mail— andbooks@andbooks.com.tw
劃撥帳號 19983379
戶　　名 大雁文化事業股份有限公司
出版日期 2022 年 11 月 初版
定　　價 420 元
ISBN 978-626-7045-66-4

國家圖書館出版品預行編目資料

海洋地緣政治入門：世界史視野下的海權爭霸／宮崎正勝著；陳嫺若譯. – 初版. – 臺北市：如果出版：大雁出版基地發行, 2022. 11
面；公分
譯自：覇権の流れがわかる！海洋の地政学
ISBN 978-626-7045-66-4（平裝）

1. 世界史　2. 地緣政治　3. 海權

711　111016869

如果